당신이 내게 준 길입니다

멈추지 않는 오늘의 선물
스치는 바람 소리도 하나님 세상

장진희 지음

샘솟는
기쁨

당신이 내게 준 길입니다

결코 헛된 것이
없었습니다

빛의 속도로 흘러가는 도시에서 시간과 공간을 이어 가는 교회 앞 골목길. 그 길에 하루의 수묵화가 드리워지면 뭉클합니다. 어제도 오늘도 새로운 것을 만들어 내며, 현재와 과거를 되돌아보게 합니다. 지난 소소한 날들의 지혜를 떠올리고, 따뜻한 아랫목에서 들려주던 부모님의 이야기가 오늘을 살아가게 합니다.

두 번째 책입니다. 첫 책이 세상에 나올 때만 해도 하나님이 주신 단 한 번의 선물이라 여겼던 저에게 놀라운 일입니다. 문득 그날이 생각납니다. 한 통의 전화를 받았는데 국민일보 기자였습니다. 딕션이 빼어난 목소리. 마침 출간한 『마음에 길을 내는 하루』처럼 따뜻한 감동의 글을 연재하고 싶다면서 칼럼을 부탁했습니다.

꿈이라도 꿀 수 있었을까요? 개척 교회 사모인 제게 생각지도 못했던 멋진 일 말입니다. 빨강머리 앤의 말이 떠올라 가슴이 뜨거워졌습니다.

"엘리자가 말했어요. 세상은 생각대로 되지 않는다고. 하지만 생각대로 되지 않는다는 건 정말 멋져요. 생각지도 못했던 일이 일어나는걸요."

일 년 동안 국민일보 칼럼을 썼습니다. 그 시간은 책상에 앉아 글쓰는 모습을 어색해하며 불편하게 여기던 나에게서 벗어나게 했고, 몸에 감기는 부드러운 잠옷을 입듯이 편하게 만들어 줬습니다. 칼럼 연재는 끊어져 버릴 글쟁이 삶을 잇게 한 하나님의 방법이었습니다.

요즘 글을 쓰면서 인생을 정성스레 가꾸고 있습니다. 남이 모르는 나의 이야기로 누군가의 감성을 북돋아 움직이게 하는 글은, 거칠고 메마른 내면을 가지고선 쓸 수 없었습니다. 사랑하는 마음을 잃지 않고 진실하게 살아 내고 살아가는 삶이 있어야 했습니다.

이번에 출간한 책 또한 길, 곧 삶의 이야기입니다. 어린 시절부터 오늘에 이르기까지 부모와 가족, 이웃의 삶에서 드러난 하나님 이야기입니다. 그리고 십여 년이 넘게 희귀병을 앓고 있는 딸의 시간표, 하나님이 우리 가정에 주신 최고의 기적을 말합니다. 현실은 변하지 않지만, 하나님의 세상은 결코 헛된 것이 없고, 고통을 뒤엎은 사랑만이 남아 있음을 고백합니다.

바람이 있다면 이 책이 마음을 흔들어 한 박자 늦게 와닿기를 바랍니다. 이 책에서 세상을 향해 짓고 있는 고유한 표정이 찾아진다면 마음을 가만히 들여다봤으면 좋겠습니다. 과거와 현재를 잇는 한 줄이라도 기꺼이 이어 가길 소망합니다.

오늘은 유난히 하늘이 파랗고 높습니다. 어디서나 보이는 풍경일 것입니다. 내가 서 있는 곳에서 찾은 길도 어쩌면 우리 모두의 길이고, 당신이 내게 준 길일지도 모릅니다. 혜윰을 즐기는 하나님의 세상입니다.

장진희

CHAPTER 4

우리, 딱 남들만큼
특별해요

CHAPTER 5

참 좋은
나날입니다

CHAPTER 1

지워지지 않는
엄마의 흔적

한 주먹 감꽃의 식사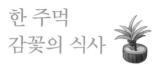

하늬바람이 무심하게 떨어뜨린 감꽃을 곧잘 주워 먹었다. 열세 살 봄날이었을 것이다. 떫은 첫맛에 인상을 찌푸리다가도 차츰 느껴지는 달착지근한 맛에 기분이 좋아져 꿀꺽 삼켰다.

"감꽃은 한 개가 아니고 여러 개 먹어야 한당께. 그래야 맛있당께."

윗동네에 사는 친구 정순이가 했던 말이 생각난다. 하얗고 노르스름한 감꽃을 한 손에 가득 올려놓고 나 보란 듯이 고개를 한껏 젖혀 입안 가득 넣었던 아이. 색이 바래 허름한 웃옷에는 급하게 손등으로 닦은 콧물의 흔적이 남아 있었다.

어린 시절 높다란 감나무 아래는 우리의 즐거운 유희 장소였다. 바람결에 후드득 떨어진 감꽃을 모으다가도 주렁주렁 달릴 홍시를 떠올리면 기분이 좋아졌다. 하늘을 덮은 감나무 아래서 오물오물 감꽃을 씹으며 괜히 웃었다.

감꽃이 폈다. 올해도 부끄러움을 감출 수 없는지 초록 잎 사이에 살포시 숨어 있었다. 아직은 노랗게 물들지 않아 더 수줍은 듯했다.

수년 전 겨울을 떨쳐 버린 봄날, 길을 걷다가 발견한 감나무 한 그루. 고층 아파트가 즐비하게 늘어선 사잇길 귀퉁이에 있던 감나무 아래에는 노란 감꽃이 나뒹굴고 있었다.

남편과 자주 거닐던 길이었는데 그날따라 크게 자라 있는 감나무가 마주 보였다. 그저 익숙하게 바라보는 환경이라서 그런지 천천히 조금 떨어져서 바라본다는 의미를 되새기던 날이었다.

감나무가 발길을 끌어당겼는지, 우리 부부에겐 그 길이 특별해졌다. 봄이면 우리 발걸음이 자연스레 옮겨졌다. 도라지꽃처럼 보이기도 하고 종 모양처럼 생긴 것 같은 감꽃은 저를 바라보는 마음을 읽었는지 작고 예쁜 종소리를 하늬바람에 실어 보냈다. 감꽃이 피면 그 소리에 이끌려 감나무 밑으로 찾아들었다. 그 아래 나뒹굴고 있는 감꽃에는 내 그리움이 한가득이다.

감나무 아래에는 배부른 웃음이 있고, 봄날이면 여지없이 그 행복을 데려왔다. 감꽃을 모아 소꿉놀이를 하고, 감꼭지를 주워 장독 뚜껑에 올려놓으며 숫자를 헤아렸다. 별처럼 쏟아져 내린 감꽃을 흰 무명실에 꿰기도 했다. 감꽃 목걸이가 길게 만들어지면 서로 목에 걸어 주면서 웃었다. 도종환 시인의 시 〈감꽃〉은 그렇게 늘 우리 옆에 있었다.

어느 날이었다. 그날 친구는 서둘러 감꽃 한 주먹을 입안에 구겨 넣었다. 허기를 채워 주는 감꽃의 식사였을까. 전날 바람이 심하게 불어서 파란 감꼭지를 감쌌던 감꽃이 떨어져 감꽃 천지였는데, 강냉이 뻥튀기 먹듯이 자꾸 감꽃을 먹는 친구가 의아하기만 했다.

우리는 바구니에 감꽃을 가득 모아 마당에 그림을 그리고, 그림을 감꽃으로 장식하기로 했는데, 친구는 싱싱한 감꽃이 더 맛있었는지 한 주먹씩 감꽃 먹기를 놓치지 않았다. 그 친구가 말할 때마다 꽃 내음 풀내음이 났다.

그때 감나무 가까이 다가온 엄마가 친구에게 지그시 물었다.

"아야, 니 시방 배고프냐?"

"쬐께 고픈 거 같은디, 갠차네요."

신통치 않은 친구의 대답에 무심하게 반응한 엄마는 다시 집안일을 하기 시작했다. 가끔 엄마가 움직임을 멈추고 우리 쪽을 바라보곤

했는데, 마침 친구의 감꽃 먹는 속도도 느려졌다. 엄마의 시선을 의식한 친구는 짐짓 의기소침해지는지 가만히 있기도 했다.

"정순아, 감꽃이 그리 맛있냐?"

"이잉, 오늘따라 겁나게 맛있당께."

엄마를 일찍 여의고 술꾼 아버지랑 오빠와 함께 언덕배기 조그만 집에서 살고 있던 친구는 분명 배고팠던 거다. 하던 일을 그대로 두고는 뒤꼍으로 가던 엄마가 낡은 소쿠리를 들고 부엌으로 들어가는 모습이 보였다. 감꽃으로 허기를 채우던 어린 시절 엄마의 감꽃에 내 친구의 감꽃이 그대로 겹쳐졌으리라.

우리는 계속해서 마당에 납작 엎드린 채 그렸다 지웠다를 반복했다. 마당의 흙먼지 부서지는 냄새를 맡으며 감꽃 풍선을 채우는데 고소한 냄새가 전해졌다. 엄마가 있던 부엌으로부터 코끝을 자극했다. 납작 엎드렸던 몸을 벌떡 일으켜서 부엌 쪽을 바라보자, 쟁반에 부침개를 담아 든 엄마가 부엌 문을 나서면서 어서 와서 부침개 먹으라고 했다. 친구는 누가 시킨 듯이 손안에 있던 감꽃을 냅다 흩뿌리고는 엄마가 있는 마루를 향해 달려갔다. 나보다 몇 배는 더 재빨랐을 것이다.

왜 우리는 가난하고, 왜 아버지는 도망을 다니고, 왜 어머니는 잡혀가고 두들겨 맞고 해야 하는지, 눈치 하는 외갓집에 갈 약속을 하자 그런 슬픈 생각들이 한꺼번에 몰아닥쳤던 것이다. 길남이는 눈물을 참아 내려고 하늘을 쳐다보았다. 맑은 하늘 귀퉁이로 떨감나무 잔가지들이 박혀 있었다. 가지에는 잎이 하나도 붙어 있지 않았다. 물론 감이 달려 있을 리 없다. 풋감 때 다 따 먹어 버렸던 것이다. 지금이 봄이었으면 좋았을 것을… 얼른 스쳐 간 생각이었다. 길남이는 쓸쓸하게 웃었다.

조정래 작가의 『태백산맥』에 나오는 내용이다. 길남이 동생 종남이가 배고프다며 외갓집에 가자고 졸라 대던 날. 눈칫밥을 먹어야 하는 외갓집을 마지못해 가던 길에 잎 하나 붙어 있지 않은 횅한 감나무를 보며 봄이었으면 하는 생각에 쓸쓸히 웃던 종남이의 웃음. 내 친구에게 부침개를 해 주느라 아껴 둔 밀가루를 내놓던 엄마의 웃음이었고 마음이었다. 어린 날 엄마의 감꽃에도 배고픔이 있었다.

순하고 부드러운
홍시의 시간

단감이 주렁주렁 매달려 있는 나뭇가지를 휘어잡고 가장 달고 먹음직스럽게 생긴 감을 골라 힘껏 잡아당길 때 뚝, 떨어지던 그 소리를 기억한다. 오감을 자극하고 미각을 더욱 흥분시켜서 입안을 달달하게 만들었다.

대봉감은 더 매혹적이었다. 여느 감처럼 아주 작은 모양이었는데 어느새 내 주먹보다 크게 자라 가지가 휘어질 정도로 매달려 빨갛게 익어 갔다. 영롱한 자태에 반해 눈이 먼저 달콤한 홍시 맛을 느꼈다.

"우째, 대봉감이 홍시되는 것이 이렇게 늦는다냐! 징허게 안 가네잉."

입을 쑥 내밀며 투덜거렸다. 그러다가도 "빨리 익어라 빨리 익어라" 곧잘 노래를 불렀다. 내가 감나무 밑으로 쪼르르 달려가는 날이 많아진다는 건 인내력이 점점 더 사라져 가는 증거였다. 따사로운 햇살 아래 노란 잎의 감나무와 더욱 붉은빛을 띤 대봉감이 참말로 먹음직스럽게 보이는 날이면 더 이상 기다리지 못했다.

가장 붉어 보이는 대봉감 하나를 따서 엄지손가락으로 꾹꾹 눌러 가며 주무르기 시작했고, 물컹해진 대봉감은 시간을 끌어당긴 홍시가 되어 입속으로 들어왔다. 한입 크게 깨물었지만 들이닥치는 떫은맛에 인상을 찌푸렸다. 달콤한 맛을 기대했던 나는 심통 난 얼굴이 되어 덜 여문 대봉감을 던져 버렸다. 감나무 아래로 뚝 떨어진 대봉감은 밤에는 쥐가 와서 갉아 먹고 낮에는 개미와 벌레들이 먹었다.

세월은 소리 내지 않고 흘러 붉게 물든 홍시를 선물했다. 장독대 항아리 뚜껑에는 으깨진 홍시가 노란 속살을 드러내며 질펀하게 흘러내렸다. 엄마는 수돗가에서 물 한 바가지를 가져와 항아리 뚜껑을 닦다가 감나무를 쳐다봤다. 살짝 붉은빛을 띠고 있는 노란 감을 따서 바구니에 담을 생각을 하는지 눈빛이 웃었다. 감나무 한 그루에서 퍼져 나와 찰나의 순간에 피었던 엄마의 소박한 행복. 그 모습의 그윽한 안온함이 좋아 엄마 옆에서 덩달아 함박웃음을 지었다.

감이 익어 가면 아버지는 마당 한 귀퉁이에서 간짓대를 만들었다.

대나무의 댓잎을 곱게 쳐내며 자식들의 손이 다치기라도 할까 봐 아주 꼼꼼하게 확인했다. 대나무 몸통이 매끄럽게 완성되면 끝부분에 뾰족한 새 주둥이 모양을 내었는데, 주둥이 사이에 칼을 끼워 칼등을 툭툭 내리치면 한 뼘 정도 길이만큼 갈라졌다. 반듯한 막대기 하나를 골라 아버지가 갈라 놓은 대나무 주둥이에 밀어 넣으면 감 가지를 끼워 꺾을 만큼 대나무는 벌어졌다.

아버지는 간짓대를 완성하면 감나무 밑에 세워 뒀다. 자식들과 함께 감나무를 오르내리며 감을 딸 토요일 오후를 기다렸다. 파란 하늘이 감싸고 구름이 퍼져 가는 하늘 아래서 땡감과 대봉감을 쏙쏙 빼내는 토요일 오후가 되면 간짓대는 가느다란 막대기를 문 채 휘청이며 나뭇가지 사이를 파고들기 시작했다. 뚝 뚜뚝, 여기저기 감 가지 꺾이는 소리가 들렸다. 간짓대에서 감이 떨어졌다며 고함치는 소리도 만만치 않았다.

아버지는 좀처럼 실수하지 않지만, 우리는 장독대 쪽으로 자주 감을 떨구었다. 간짓대 사용이 미숙해서 꺾인 감 가지가 힘없이 빠져 버렸다. 감나무 한 그루에서 딴 감들은 높아진 하늘만큼 풍성했다. 떨궈서 깨지거나 상처가 난 감들은 감말랭이나 곶감이 되었고, 상처가 없는 감은 우리의 비밀 공간에서 빨갛게 홍시가 되기를 기다렸다.

그때부터 엄마와의 숨바꼭질 시간이었다. 엄마는 땡감과 대봉감을 늘 작은방 바구니에 숨겨 뒀다. 홍시가 될 때까지 며칠을 참고 기다렸던 나는 엄마가 들에 나가면 몰래 숨어들어 선반에 올려진 바구니 사이에서 홍시를 찾았다. 켜켜이 쌓여 있는 바구니들 사이에서 감을 찾는 일은 생각보다 쉽지 않았다. 도둑이 제 발 저린다고, 방 문을 열고 나오다 엄마와 마주치면 놀란 얼굴을 감추지 못했다.

"홍시를 맛있게 묵을라면 기다려야 한당께. 안 익으면 떫은 거 니도 암시롱 고걸 못 참고 그러냐. 기다려라 잉! 홍시 되면 엄마가 줄랑께."

"알았당께요. 근디 엄마, 홍시는 언제쯤 다 익을까잉. 겁나게 맛있어서 언능 묵고 싶은디…."

해가 거듭될수록 엄마와 나눴던 말들이 생생해진다. 빨갛게 익은 홍시를 온 가족이 먹으면서 감 씨를 뱉어 내며 즐거워했는데. 새삼스레 엄마 입가에 옅게 묻어 있던 홍시에 웃음이 난다.

이번 가을에는 엄마처럼 대봉감을 바구니에 넣어 홍시를 만들어 봐야겠다. 그 시절의 냄새와 정서는 다 느낄 수 없겠지만 기다리는 마음에 순하고 부드러운 시간은 오지 않을까? 빨갛게 익은 홍시가 내 손안에 놓일 때 엄마 앞에서 콩닥거리던 심장과 붉게 달아올랐던 어린 내 모습을 만났으면 좋겠다. 그날의 우리 엄마도 함께일 테니.

그 짧은 시간을
알고 있었음에도

한입 베어 문 고구마를 삼키지도 못하고 입을 벌린 채 멍하니 친구를 바라봤다. 말 그대로 어안이 벙벙했다. 교회에서 등산 간다는 광고를 언제 했을까. 도무지 생각이 나지 않았다.

"아따 가시나 고등부 등산 가는디 중등부도 가고자픈 사람은 델꼬 간다 했자네."

정말 기억이 없었다. 광고 시간에 장난만 치더니 못 들었다면서 친구는 건수 하나 잡은 것처럼 실실대며 잔소리를 해 댔다. 귀에 딱지가 붙을 정도였다. 자명종 시계가 울리지 않았다면 속상한 마음에 버럭 화를 냈을지도 모른다.

등산 간다는 말은 머릿속을 온통 한 가지 생각으로 뒤덮었다. 내 말수는 급격히 줄어들었고, 친구들의 이야기는 점점 더 멀어지며 총총한 별빛 속으로 스며들었다.

내일 등산 가려면 일찍 자야 한다면서 친구들은 옷을 주섬주섬 챙겨 입고는 희미한 전구 불빛을 등지고 큰방 마루에서 마당으로 걸어 나갔다. 발소리에 슬그머니 일어나던 흰둥이가 빤히 쳐다보다가 삐그덕 열리는 대문 소리가 들리자 컹컹, 짖어 댔다.

그 소리에 큰방 문이 열렸고, 엄마가 추운데 밖에 있다면서 얼른 들어오라고 했다. 시무룩해진 채 우두커니 서서 마루 밑을 보고 있던 나는 꼬리치며 기다리는 흰둥이를 본체만체하고 휙 돌아서서 큰방이 아닌 작은방으로 들어갔다. 여느 때 같으면 시장에 내다 팔 잔챙이 더덕 껍질을 까는 엄마를 도우며 재잘거렸을 텐데 갑자기 모든 게 귀찮아졌다. 작은방 고구마가 있는 구석진 자리에 앉아 이불을 푹 둘러썼다. 눈물이 왈칵 쏟아지려 했다.

"아까 보니 무슨 일이 있는 갑 써. 아가 시무룩하던디요."

"아랫방에서 친구들과 잘 놀더니만 뭔일이당가. 자네가 한번 들어가 보소."

아버지의 말이 끝나기 무섭게 큰방으로 연결되는 샛문으로 엄마가 들어왔다.

"아야, 뭔 일 있냐. 왜 그러고 있을까잉. 친구들 허고 싸웠냐? 어째 그러냐고."

둘러쓰고 있던 이불이 주르륵 흘러내렸다. 곤한 하루로 움푹 들어간 엄마의 눈이 내 눈앞으로 다가왔다.

"니는 뭣 담시 다리 우게 운동화를 올려놓고 있는 것이여."

의아해하던 엄마는 미적거리는 내가 답답했던지 대답을 기다리지도 않고 무릎에 있던 운동화를 집어 들었다. 나는 소리치고 싶었다. '내일 교회서 등산 가는디 운동화가 떨어졌 부러 갔고 못 간당께. 운동화가 다 떨어져 부렀다고!' 그러나 한마디도 꺼내지 못하고, 급기야 울음보가 터져 버렸다. 서러움이 북받쳐 올라 다시 이불을 둘러썼다.

"진작 말헐 것이지 말도 안허고 있다가….”

"조용히 좀 허시요. 듣것소. 글찮아도 속상할 건디."

말없이 더덕 껍질을 까며 자신도 모르게 연이어 한숨을 내쉬는 부모의 시간에서 나는 울다가 스르르 잠들어 버린 겨울밤이었다.

엄마는 새벽이슬을 맞으며 길을 나섰다. 3월이 눈앞이라 해도 시골의 찬바람은 얼굴을 스치면 아팠다. 팔꿈치가 닳아 입지 못하는 스웨

터를 풀어 뜬 긴 목도리로 칭칭 얼굴을 감싸고, 단단하게 옷깃을 여민 채 여느 날보다 다소 이른 시각에 예배당에 도착했다.

온기라곤 찾을 수 없는 텅 빈 예배당을 홀로 무릎 꿇은 당신의 이야기로 데웠다. 자식 이야기는 생각할 시간이 필요치 않았던지 속삭이는 듯 올리는 눈물의 기도는 빨랫줄 위를 미끄러져 가는 빗방울처럼 달렸다.

예배당 안에 따뜻한 온기가 가득 퍼지고 엄마의 입김이 사라질 때쯤 하나둘 성도들이 모여들었다. 새벽예배를 드리기 위해 방석에 앉아 있는 성도들의 몸은 노동의 흔적이 담겨 거친 삶을 드러내지만, 설교하는 목사님을 바라보는 눈빛은 지긋하고 아름다웠다. 간절함이 빛나는 사모함이었다.

목사님 설교가 끝나고, 흐릿한 불빛과 새벽 여명이 교회 안을 비추며 여기저기 기도 소리가 들려오자, 엄마는 슬그머니 일어났다. 혹여 기도하고 있는 성도들에게 방해될까 봐 주섬주섬 옷가지를 챙겨 들고 밖으로 나왔다. 차디찬 바람 속에서 목도리와 옷매무새를 꼼꼼하게 가다듬었다.

교회를 벗어난 엄마는 척박한 땅을 일구며 억척스럽게 살아 낸 농부들의 현장 다랭이논 사잇길을 걸어갔다. 회색빛 땅 그림자가 드리운

다랭이논엔 여전히 엄동설한이 나뒹굴고, 개울물 소리도 잠들어 버린 적막한 길 위에서, 추위를 감싸며 걷는 엄마의 숨소리가 조금씩 잦아든 곳은 버스 정류장이었다. 엄마는 첫차가 정차할 버스 정류장을 향하고 있었다.

교회에서 잰걸음으로 십여 분 거리였을 것이다. 버스 오는 시간을 대략 짐작했지만, 시간이 정확하지 않은 시골 버스라 혹시라도 놓칠까 봐 정류장 안에 들어서지도 못하고 서성거렸다. 드디어 파란색 버스가 달려오는 것이 보였다. 행여 운전기사가 보지 못하고 지나칠까 봐 엄마는 두 손을 크게 흔들었고, 시끄러운 엔진 소리를 내며 버스가 멈춰섰다.

어둑어둑했던 새벽은 점점 밝아 오고, 뿌옇게 안개 낀 들판과 지붕들이 선명해지기 시작했다. 덜컹거리는 시골 버스 길에 안내원의 높은 목소리 따라 승객이 타기 시작했고, 버스에 올라탄 엄마는 꽁꽁 언 손과 발이 따뜻해지면서 스르르 잠이 들었다. 버스가 달린 지 20여 분이 지나 아래 터미널에 도착했다.

엄마의 '몸시계'는 정확했다. 버스가 차고에 주차할 때 벌떡 일어나 일찌감치 문 앞에서 기다렸다. 자식들을 키우며 자투리 시간마저 허투루 쓸 수 없었던 엄마의 삶이 준 예민함이었다. 몸에 배어 있었기에 틀림이 없었다.

버스 문이 열리자 성급히 내려 달리기 시작했다. 일분일초가 아까운 엄마였다. 아침 일곱 시가 갓 넘은 이른 시각에 신발 가게 문이 열려 있을 리 없지 않은가. 희망 한 가닥 품지 않았던 엄마에겐 예상된 일이었다. 가게 문은 굳게 닫혀 있었다.

가게 문을 두드리는 것은 많은 용기가 필요했다. 하나님을 믿는 사람은 누군가를 불편하게 하기보다 손해 보는 삶을 살아야 한다고 가르치며 섬겼던 엄마에게는 아무래도 망설여지는 일이었다.

"쥔장 안에 있소. 나요, 월계댁."

나지막한 목소리로 주인을 부르며 가게 문을 두드렸다.

"월계댁이랑께, 제발 문 좀 열어 보시요."

엄마의 간절한 목소리는 힘없이 문을 두드리는 손 위에 얹어져서 힘을 보탰다. 가게 쪽방에 흔들리는 문소리가 새어 들어갔다.

"아따 아지매, 이른 아침부터 뭔 일이다요."

가게 안에서 엄마를 확인한 주인아저씨가 부스스한 얼굴로 문을 열었다.

"그랑께, 이른 아침부터 죄송헌디 나가 겁나 급해서 그란디 운동화 하나만 파시요."

"알았응께 언능 들어와서 골라 보시요. 춥소!"

아저씨는 머리를 긁적이며 가게 안으로 엄마를 들여보냈다. 오일 장마다 노상에서 물건을 팔던 엄마는 신발을 사러 들를 때마다 팔다 남은 물건을 나눠 주면서 가게 주인과 가까운 이웃이 되어 있었다. 미안해하는 엄마에게 아저씨는 괜찮다고 여러 차례 말했지만, 엄마의 마음은 편치 않았다. 눈에 띄는 대로 빨간색에 하얀 상표가 그려진 운동화를 골라잡고 서둘러 계산했다.

"고맙소이. 미안도 허고. 장날에 은혜 갚으리다."

계산하는 아저씨를 향해 거듭거듭 인사를 하고는 비닐봉지에 새 운동화를 담고 터미널을 향해 또다시 달리기 시작했다. 엄마가 버스에 몸을 실을 때는 이미 새벽이 저만치 밀려나고 아침이 밝아 왔다.

새벽 첫차를 타고 와 신발을 사고 다시 마을로 들어가는 버스를 타기까지 걸린 시간은 고작 20분이었다. 엄마는 그 짧은 시간을 알고 움직였던 거다.

뒷모습을 따라
슬픈 운동화

"진아! 등산 간담서. 언능 일어나서 준비해라잉."

아침부터 엄마의 목소리가 쩌렁쩌렁 들렸다. 아무 말 없이 떨어진 운동화만 들고 큰방으로 가 버렸던 엄마였는데 말이다. 등산 이야기를 하는 걸 보면 잊은 건 아닌데 왜 깨우는지 알 수 없었다.

'엄마는 다 떨어진 운동화를 신고 등산을 가라는 건가?'

나는 화가 나서 이불 속으로 더 파고들며 귀를 막았다. 아침부터 콧잔등을 따라 눈물이 줄줄 흘러내렸다.

"뭐한다냐, 빨리 세수하고 밥 먹고 준비하랑께."

엄마의 목소리는 점점 더 커져 갔다. 더 이상 대답하지 않으면 당장

작은방으로 들이닥쳐서 혼꾸멍을 낼 태세였다. 하는 수 없이 이불을 박차고 일어나 방문을 세차게 열어젖히며 엄마보다 더 큰소리로 말해 버렸다.

"엄마, 어젯밤에 내가 말하지 않았능가. 운동화가 떨어져 부러 갔고 못 간….."

서러움이 차올라 말끝도 맺지 못하고 울어 버렸다. 왜 그렇게 눈물이 쏟아지던지. 눈물 콧물이 범벅된 얼굴을 마구 손등으로 훔치는데 뿌연 시야로 마루에 놓여 있던 새 신발이 보였다. 빨간 운동화가 아침 햇살 아래 나란히 놓여 있었다. 정말 'Oh, my God!'이었다. 이보다 더 완벽한 표현은 없었다.

새 신발을 신은 나는 엄마와 함께 산으로 향했다. 마을을 벗어나 논을 지나 개울을 건넜다. 겨울바람에 시린 손을 참아 내며 살얼음 언 논에 돌멩이를 던지며 놀던 장면이 스쳐 지났다. 텅 빈 민낯의 땅을 걸으며 새 신발을 신은 나는 하늘을 날아오를 듯했다.

아침에 운동화를 보기 전까지만 해도 친구들의 모습을 먼발치에서 쳐다볼 줄 알았다. 눈에 눈물이 가득 찬 채로 말이다. 한 시간 남짓 지났을까. 정상에 올라서서 친구들과 함께 산 아래 마을을 바라보며 내 집 찾기에 흠뻑 빠져 있을 즈음, 엄마가 다가왔다.

"진아, 엄마는 여그서 한참 더 들어가야 댕께 조심히 놀다가 교회 가라잉. 점심도 맛나게 묵고."

갑자기 숲속으로 더 들어가야 한다는 엄마의 말에 몹시 당황했다. 그새 엄마가 약초를 캐러 산에 왔다는 것을 깜빡 잊고 있었던 것이다.

"여그부터는 길도 엄청 옹상스러운디 더 들어갈라고?"

"이잉, 시방 여그는 험한 산도 아니고 길도 아는 길인께. 엄마 간다 이잉."

엄마는 자신의 목소리가 미처 사라지기도 전에 서둘러 길을 나섰고, 더 깊은 산속으로 들어갔다. 나는 한동안 꼼짝할 수 없었다. 그처럼 오래 엄마의 뒷모습을 바라보긴 처음이었다. 망태기에서 튀어나온 곡괭이 자루가 옆구리를 차지한 채 터벅터벅 걸어가는 엄마. 그렇게 엄마는 검붉은 낙엽으로 뒤덮여 길도 사라져 버린 흙빛 산속으로 들어갔다.

40년이 지난 지금도 그날의 엄마 뒷모습이 잊히지 않는다. 별빛을 빼고 나면 빛이라곤 없는 어둠에도 길이 있어서 무서움을 이기는데, 엄마의 산은 길도 없는 그야말로 겨울 산이었다.

'우리 엄마는 깊은 산속으로 들어가서 약초를 캐기 위해 얼마나 헤맨 걸까? 얼마나 더 먼 거리에서 약초를 캐서 머리에 이고 등에 짊어지

고 온 걸까? 어떤 날에는 마대는 물론이고 망태기에도 약초들이 가득 들어 있었는데. 가녀린 엄마는 그 무거운 짐을 무슨 힘으로 이고 지고 산을 내려왔을까?'

엄마 뒷모습을 우두커니 바라보며 날아들었던 질문이었다.

약초는 망태기에서 구겨진 채로 마당에 펼쳐졌다. 혹여 깨지기라도 할까 봐 나뭇잎으로 꽁꽁 싸매 왔던 산머루와 다래는 길도 없는 산을 헤매며 채취한 엄마의 땀방울이었다. 생각해 보면 엄마의 곱슬곱슬한 머리카락에는 마른 잎이나, 여린 가지가 옹처져 매듭지어 있을 때가 많았다. 엄마가 고개를 숙여 이물질을 떼어 달라고 하면 어린아이처럼 붙이고 다닌다고 까불거리던 나였다.

그런 나를 보며 엄마는 시끄럽다면서 웃었는데 그 웃음에는 하루를 무사히 보낸 안도감이 있었다는 것을 세월이 한참 더 흐른 뒤에야 알 수 있었다. 나이만큼 부모의 사랑이 찍혔다.

어른이 되고 엄마가 되었다. 세월도 많이 흘렀다. 어느새 나도 부모의 마음을 알게 되었는지 엄마와 함께한 날들을 떠올리면 좋지 않았던 날보다 좋았던 기억들만 가득하다. 자식의 행동이 어떠하든 부모의 머릿속에 저장된 스냅 사진은 자식들의 좋은 모습만 남는다는 걸 딸을 키우면서 알게 되었다. 부모는 그런 존재였다.

이 세상에 존재하는 아름다운 것들은 당신이 모르는 사이 누군가의 눈물에 의해서 만들어진다고 했던 말이 떠오른다. 우리 엄마에게 가장 값지고 아름다운 작품이었을 나는 분명 엄마의 눈물이었다. 그 눈물로 나라고 하는 하나의 존재를 만들어 지금의 나를 여기 있게 했다.

비 온 날 쓰고 나온 우산을 비가 개었다고 어딘가에 버려둔 것처럼 엄마의 존재를 훔쳐 먹고 살았던 내가 부디 잊고 살지 않기를 바라며 두 세상이 맞닿는 사랑으로 응시하면서 꼼꼼히 마음을 읽는다. 찬찬히 그 길을 따라간다.

멈춰 있는 시간 같아도

묵정밭에 개망초꽃이 흐드러지게 피어 주인 노릇하고 있었다. 농부의 손이 멈춰 버린 땅에서 하얀 꽃밭이 되어 바람 따라 춤을 췄다. 작은 구름이 떠다니는 듯 소박하고 잔잔한 평안함이 들녘에 한들거리는데 내 눈에 예쁘지만은 않았다.

오래 방치되었던 묵정밭이라 그런지 씁쓸함이 더해졌다. 올해는 유독 개망초꽃을 유심히 본다. 몇 해 전만 해도 길가나 빈터에 피어 있어도 눈길 한 번 주고 지나쳤는데, 왠지 한 해 한 해 나이를 먹으면서 그리움이 번지곤 했다.

어릴 적 시골 들녘엔 고된 일을 잠시 멈춰 서서 하늘을 보던 엄마,

아버지가 있었다. 밭고랑 사이에는 작고 하얀 개망초꽃이 살살 나부꼈다. 땀에 젖어 찰싹 붙은 머리카락에 검게 그은 부모님이 개망초꽃과 함께 피사체가 되면 철없는 내 눈엔 화가들의 그림처럼 느껴졌다.

아버지가 소 풀을 베어 삼태기 지게에 짊어지고 마당으로 들어올 때, 아버지 걸음 따라 거들먹거리며 건들거렸던 개망초꽃도 기억난다. 풀을 베어 꾹꾹 눌러 담은 삼태기에서 기어코 삐져나와 꽃이라며 자존심을 세웠다. 아버지에겐 고작 소 밥이었고 풀이었는데.

하지만 엄마는 조금 달랐다. 밭에 쳐들어온 개망초는 뽑고 뽑아도 뒤돌아서면 또다시 자라는 애물단지였지만, 밭 가장자리에서 꽃을 피워 유혹하면 한아름 꺾어 항아리에 무심한 듯 꽂았다. 엄마가 꽃이 예쁘다고 말했는지는 잘 기억나지 않지만, 어디서 날아와 스스로 견디고 꽃을 피운다며 개망초는 생명력이 참 강하다는 말을 곧잘 들었다. 엄마에겐 밭을 점령해 가는 지독한 풀이었다가도 강한 의지를 가진 꽃이 되기도 했다.

오랜만에 딸들과 무의도 바닷가를 향해 가는 중이다. 여기저기 개망초꽃이 한창이다. 군락을 이룬 들판도 꽤 보인다. '엄마 아버지의 손이 떠나 버린 시골 땅에도 개망초꽃이 주인 노릇을 하고 있겠구나' 생각이 미치자, 부모의 삶이 스며들었다.

생명처럼 일궜던 땅의 변화 따라 어느새 묻혀 가는 인생이 되어 버린 부모의 삶. 문득 엄마, 아버지가 보고 싶었다. 길을 돌려 요양원에 들렀으면 하는 마음이었지만 가족도 오랜만의 일탈이었기에 말하지 못했다.

"아빠, 할아버지 할머니가 계시는 요양원으로 가자."

그런데 딸이 말했다.

배려하는 마음과 아낌없이 건네준 시간이 번개같이 나에게 왔다. 논밭을 지나거나 농부의 일하는 모습을 볼 때면 회상에 잠겨 울컥하던 나를 가족은 기억해 줬다. 사랑은 무의도를 점점 멀어지게 했다.

요양원에 들어서니 여 목사님이 홀에서 예배를 드리고 있었다. 엄마는 병실에 있을 테고, 아버지를 먼저 찾았다. 예배 시간에 마이크를 잡고 찬송가를 부르던 아버지의 모습을 여러 번 사진으로 봤기에 예배 자리에 꼭 있을 거로 생각했는데 웬일인지 보이질 않았다.

요양보호사를 따라 방으로 들어갔다. 아버지는 침대에 누워 있었다. 어두워진 시력과 청력으로 우릴 알아보지 못했다가 마스크를 벗으니 그때야 알아보고는 몸을 벌떡 일으키려 했다. 하지만 세월에 묶여 쉽게 일어나지 못했다. 아버지의 몸을 일으킨 건 그 세월이 키워 낸 자식의 손이었다. 침대에 등을 받치고 몸을 지탱한 아버지의 손과 몸은 흔들리고 또 흔들렸다.

아버지의 첫마디는 기다렸다는 말이었다. 아들이 하나고 딸이 여섯인데 누구 하나 찾아왔으면 하는 마음을 먹고 있었다고 했다. 내가 올 줄은 몰랐다며 "목회하느라 바쁜데 어떻게 왔냐" 하며 더없이 반가워했다.

그것도 잠시였다. 아버지를 위해 챙겨 온 간식을 손에 얹어 주면서 엄마 병실에 가서 간식을 먹이고 오라고 등을 떠밀었다. 흔들거리는 손에서 어떻게 그런 힘이 나오는지. 갈수록 잘 먹지 못한다는 엄마를 걱정하는 아버지의 마음이 손에 힘을 실어 줬으리라.

그날 참 좋았던 건, 마침 예배 시간이어서 엄마 앞에 어린아이가 되어 두 딸과 함께 찬양을 부를 수 있었던 일이었다. 엄마의 웃는 얼굴과 손이 춤추는 걸 봤는데 얼마 만인지. 하지만 나를 키우고 이끌던 엄마의 체취는 사라진 지 오래였다.

또 오겠다며 잡은 손을 놓고 인사해도 엄마의 눈에 비친 나는 그저 잠깐 스치는 행인에 불과해서 이별의 슬픔도 안타까움도 없었다. 그저 요양보호사의 목소리를 따라 아기처럼 웃으며 간신히 손을 흔드는 한 노인이었지만 내 엄마여서 여전히 나는 따뜻했다.

다시 엄마에게서 아버지 곁으로 왔을 때 말이 많이 어눌해진 아버지는 남편과 이야기하고 있었다. 아니 일방적으로 아버지가 말을 쏟아내고 있었는데 뜻밖의 이야기를 나누는 것이 아닌가. 매번 요양원에 갈 때마다 아버지가 살았던 집 걱정 땅 걱정이 다반사였고, 시골 내려가서 찬찬히 둘러보라는 말씀을 반복하셨는데, 이번에는 아니었다.

"김 목사, 내가 자꾸 하나님 말씀을 잊어버리네. 예수님을 잊는 것 같아 얼마나 마음이 죄송스럽던지. 얼마 전 예배 시간에 '제가 장석수 집사입니다' 말하고 오십만 원을 헌금했네. 내 나이가 98세인데 하나님께 헌금 드릴 시간이 얼마나 남아 있겠는가. 나이는 들어 거동도 잘 못하고 누워 있으면 인생이 서글퍼서 수면제를 먹고 죽고 싶은 날도 있다네. 하지만 예수님이 스스로 생명을 끊는 것을 아니라 하시니 기도하며 견딜 수밖에. 집사로 하나님 일을 했던 그 시절의 믿음은 원하지도 않아. 그저 하나님만 잊지 않았으면 좋겠네. 나의 마지막 삶을 위해서 기도해 주게나."

아버지는 말을 마친 후 병실 서랍에 있던 종이를 꺼내라고 했다. 양말 몇 켤레가 전부인 서랍장에 종이 한 장이 접혀진 채 있었다. 그 종이엔 다른 이의 글씨체로 바로 왕, 이집트, 이스라엘 백성이 가나안으로 출애굽을 한 연도가 적혀 있었다. 그리고 그 밑에는 아버지의 고백

그대로 삐뚤빼뚤 쓰여 있었다.

요양원에 막 도착했을 때 아버지가 예배 시간에 보이지 않아 걱정했다. 불편한 몸이어도 주일에는 꼭 교회에 갔었는데 요양원에 계시다 보니 예배를 사모하는 마음이 사라졌나 싶었다.

다행히 아버지는 마음밭을 묵정밭이 되도록 내버려두지 않았다. 열심히 성경을 되새기고 하나님을 기억하면서 묵정밭이 되지 않도록 개망초를 열심히 뽑고 있었다. 제아무리 개망초가 꽃밭을 이뤄도 밭에는 작물이 자라야 하고, 때가 되면 거둬들이는 것이 가장 아름답지 않겠는가.

여전히 흐르는 시간 안에서 하나님을 사랑하는 마음이 이어지고 있었다. 아버지의 삼태기 지게에서 개망초가 피운 하얀 꽃송이가 고개 숙여 한들거렸다.

천 원짜리
여섯 개

　다독했던 책은 문장의 기억이 많아서인지 손이 쉽게 간다. 오늘은 알베르 카뮈의 『이방인』이 눈에 들어온다. 책장에서 책을 꺼내는 순간 나란히 있던 한 권이 재빠르게 기울어진다. 남편의 어깨에 툭 기댄 나처럼. 균형이 깨진 곳에 또 다른 균형으로 모양을 만드는 순간을 느끼는 이 기분, 참 좋다.

　책을 펼쳐서 중간부터 읽어 갔다. 감옥에 갇힌 뫼르소의 심리적 고백에 눈길을 멈췄다.

　감옥은 시간관념을 잃어버리고 만다는 것을 나도 분명히 읽는 일이 있었다. 그러나 그때는 그러한 것이 나에게는 별로 의미가 없었다. 한나 절이 얼마나 길면서도 동시에 짧을 수가 있는 것인지 나는 깨닫지 못했다. 지내려면 물론 길게 느껴지지만 날들이 어찌나 길게 늘어지는 지 하루가 다른 하루로 넘쳐나서 경계가 없어지고 마는 것이었다. 하루하루는 그리하여 이름을 잃어버리게 되는 것이었다.

밑줄 그어진 문장 밑에 '아버지, 엄마, 요양원, 언제나 같은 날이 밀려오고 언제나 같은 모습을 해야 하는 생의 모습'이라는 메모가 쓰여 있었다. 그렇잖아도 요양원 다녀온 지 얼마 되지 않아 침대에서 늘어지는 시간을 통증으로 채우며 눈 감고 있던 부모님 생각에 힘이 들었는데, 그 문장이 살갑지도 않고 딱히 효녀도 아닌 내 가슴을 아프게 했다. 문득 다시 떠오르는 허허로운 병실. 평소 그다지 잘하지도 못하면서 말이다.

내게는 천 원짜리 여섯 개가 있다. 개망초꽃을 바라보다 아버지에게 갔던 날, 예배 인도하신 여 목사님께 오십만 원을 헌금했다고 아버지가 말하던 날, 두 딸이 아버지에게 받은 용돈이었다. 아버지는 폴더폰 사이에 끼워 둔 돈을 꺼내어 연필과 공책 사라며 딸들에게 주었다.

아버지 안에 멈춰 있던 시간이 이십 대 중후반 딸들의 손에 얹어진 날이었다. 용돈을 받은 딸들이 할아버지를 위해 온몸으로 기뻐하자, 아버지의 입꼬리는 귀에 걸렸었다. 손녀에게 용돈을 준 것이 그렇게도 좋은지.

아버지의 지폐는 구겨진 잔주름이 남아 있는 채 반듯하게 펴져 있었고, 퇴색해 가는 아버지의 추억만큼 노랗게 변색되어 있었다. 언제 아버지 지갑에서 빠져나와 폴더폰에 끼워졌을까? 자식들에게 전화가 오면 빼냈다가 다시 끼워 넣는 일을 반복했을 텐데. 손자 손녀를 향한 그리움이 그만큼 폴더폰 사이에서 들락거렸을 것이다.

직장을 다니던 시절에 명절이 다가오면 양손에 부모님 선물을 사 들고 시골집으로 내려갔다. 부모님은 당산나무 아래서 서성이다 차에서 내린 나를 보면 그동안 볼 수 없었던 얼굴을 보여 줬다. 어른이 되어 간다면서 나에게서 사라지고 있던 웃음이 거기에 있었다.

부모와 함께 걷는 골목길에는 이웃의 시끌벅적한 인사와 조금은 서먹한 내가 있었다. 이웃 어른들이 나를 보며 놀란 얼굴을 할 때면 흘러간 세월이 그대로 드러났다.

엄마가 준비해 둔 음식을 먹고 친구를 만나 못다 한 이야기를 나누

고 때론 느즈러지게 잠을 자며 뒹굴뒹굴하다 보면 어느새 서울로 돌아갈 날이었다. 쉬지 않고 일해야 하는 시간이 무척이나 야속했다.

결혼하기 전에는 버스 정류장에서 손을 흔드는 부모의 손을 쉽게 이별했다. 부모는 촉촉해진 눈으로 손을 흔들었지만, 나는 계속해서 그 모습을 지켜보지 못했다. 그럼에도 자리를 떠나지 못한 부모는 나의 뒷모습을 지켜보았을 것이다.

그러다 결혼하고 자식을 낳고 또다시 긴 세월을 지나고 보니 떠나보내는 순간 다시 기다림이 달려온다는 것을 알게 됐다. 차츰 뒤돌아보는 시간은 길어졌고 어느 순간부터 부모 앞에서 참던 눈물을 먼발치에서 울게 되었다.

하지만 오직 한 가지만은 따라가려 해도 따라갈 수 없었다. 내 손에 쥐어져 꾸깃꾸깃해진 쌈짓돈에 깃든 부모 마음이었다. 언제 다시 올지 모르는 개척 교회 사모인 나를 보내며 또다시 볼 날을 기다리는 그리움의 깊이와 사랑은 흉내 낼 수 없었다. 그저 묵묵히 부모의 뒤를 따르며 닮기 위해 노력할 뿐.

꾸깃거리다 못해 반듯하게 펴져 있는 천 원짜리 여섯 개. 쌈짓돈에 고여 있던 뜨거운 사랑. 식지 않는 그 사랑이 고맙고 미안해 눈시울이 붉어진다.

생각을 하면 할수록 나는 등한히 했던 것, 잊어버렸던 것들을 기억으로부터 끌어낼 수 있었다. 그때 나는 바깥세상에서 단 하루만을 살았을 뿐인 사람도 감옥에서 백 년쯤은 어렵지 않게 살 수 있다는 것을 깨달았다. 그는 얼마든지 추억할 거리가 있어 심심하지 않을 것이다.

카뮈의 『이방인』에 등장하는 뫼르소의 고백이 아버지의 고백이고 남은 나날의 삶이길 기도하게 되는 날. 아버지를 따라 추억을 먹으면서 나의 이기심을 부끄럽게 덮는다.

CHAPTER 2

내게 준 길,
딸의 길에서

1.

"공기를 찍어 먹는 기분이야."

가래떡을 아카시아꿀에 찍어 먹던 솔이가 대뜸 이렇게 말했다. 아카시아 꽃향기는 입안이 아니라 콧구멍으로 들어와야 한다고 덧붙였다. 한겨울에 5월 늦봄을 성큼 건네주는 내 딸 솔이였다.

일찍이 계절의 변화를 느꼈던 딸아이는 남달랐다. 땅의 넓이만큼 어스름이 찾아오면 창문을 열어젖히고 곧잘 공기를 들이마셨다. 뭐하냐고 물어보면 공기 냄새를 맡는다고 했다. 그러다 문득 문밖으로 뛰어나가 해 질 녘을 내달렸다. 공부하다 유난히 스트레스를 받은 날도 그랬다. 마술 부리듯 변하는 하늘 아래서 바람과 하늘을 벗 삼아 달리며 땀에 흠뻑 젖는 걸 무척 좋아했던 솔이. 5월은 솔이의 계절이었다.

두 딸의 겨울방학이 시작되었다. 아침이 저만큼 가 버렸는지 솔이는 이불 속에서 꿈적하지 않는다. 아무래도 언니가 학교 보충수업을 가고 없는 방이 고요했던지 잠 친구를 둔 것 같았다. 쌔근거리는 솔이 얼굴이 제법 뽀얘져 있었다. 중학교에 입학하면서 뛰어다니는 시간이 줄었지만 워낙 자연의 냄새를 좋아하는 아이라 햇빛에 그을린 흔적은 어쩔 수 없었다.

나는 집 안 청소를 하기 시작했다. 청소기 소리가 들릴새라 조심스럽게 빗자루로 먼지를 쓸어 담고 물걸레질을 하고 세탁할 빨랫감을 분류했다. 개인 공간이랄 것도 없는 작은 평수의 아파트는 아무리 조심해도 생활 소음이 들리기 마련이었다.

그때 솔이가 누운 자리에서 부스럭대며 이불 젖히는 소리가 들렸다. 늦잠꾸러기 둘째 딸 솔이의 하루가 시작된 것이다.

"잘 잤어?"

나를 보며 개운한 얼굴로 싱긋 웃을 줄 알았는데 미간을 잔뜩 찡그리며 쳐다봤다.

"왜, 어디 아파?"

분류된 세탁물을 들고 일어서서 대수롭지 않게 질문을 던지며 다용도실로 향했다. 언뜻 "부딪친 기억이 없는데 다리가 왜 아프지"라며 중얼거리는 소리가 들렸다. 부랴부랴 세탁기에 빨래를 넣고 나서 솔이에게 갔다. 침대 끝에 걸터앉아 다리를 만지면서 고개를 갸우뚱거리고 있었다.

"왜 그래? 다리 아파?"

"응. 일어서려다 순간 아파서 주저앉아 버렸어."

자세히 보니 솔이의 왼쪽 다리 정강이가 빨갛게 부어올라 있었다. 손을 내밀어 만지려고 했더니 움칫했다. 순간의 자극에도 몹시 아파한다는 것을 알 수 있었다.

"언제 부딪친 적이 있었어?"

"아니."

"잘 생각해 봐. 그럼 부을 리 없잖아."

"없다니까."

재차 물으니 짜증 섞인 목소리가 되돌아왔다.

남편이 들어오는지 현관문 소리가 났다. 교회로 출근하는 남편은 점심을 집에서 먹는다. 여느 날처럼 문이 닫히기도 전에 "아빠 왔다"라며 활기차게 외치는 솔이. 주위 사람들 시끄럽다고 문이 닫히면 인사하라고 누차 이야기하지만 소용이 없었다.

　남편의 손에는 붕어빵이 들려 있었다. 오늘따라 유난히 호들갑스러운 부녀 상봉 퍼포먼스! 바삭한 붕어빵을 좋아하는 딸아이에게 먹이려고 바람을 가르고 왔다면서 숨을 가쁘게 내쉬는 남편의 표정이라니. 조금이라도 눅눅해질까 봐 신나게 달렸을 아빠 마음이 붕어빵의 팥소처럼 달콤하게 전해졌다.

　정오를 지나 오후 한 시경에 집으로 오곤 했는데, 그날따라 허기를 느꼈는지 남편의 밥숟가락은 신나 보였다. 좋아하는 김칫국을 끓였더니 얼큰하고 개운하다면서 콧잔등에 땀이 솔솔 맺힐 정도로 맛있게 먹고 있었다.

　하지만 내 마음은 계속해서 솔이의 기색을 살피고 있었다. '저 정도로 심하게 부어오르면 분명 부딪쳤을 건데 왜 그런 적이 없다고 하지?' 이해가 되지 않는 상황이었다. 조금 전에 아파하던 표정이 내내 마음을 무겁게 했다. 아빠가 사 온 붕어빵을 먹다가 가끔씩 통증이 오는지 얼굴을 찡그리는 솔이에게서 마음이 떠나지 않았다.

　"당신은 왜 밥을 깨작거리고 있어?"

　남편의 말에 그저 멀거니 쳐다봤다.

"… 다 먹으면 말할게."

평소보다 가라앉은 내 목소리에 금방 이상한 낌새를 느끼는 남편이었다. 솔이 생각으로 가득 차 있던 나는 빨리 병원에 데려가고 싶었고, 한편 오늘 할 일이 많아서 혼란스러운 차였다.

"부딪친 적도 없다는데 솔이 다리가 빨갛게 부어 있어."

남편은 화들짝 놀랐다. 어린 시절에 큰 병을 앓고도 집안이 가난해서 제대로 병원을 가지 못했던 남편은 그 기억에 젖어들 때면 가족의 재채기 소리에도 민감하게 반응했다. 딸의 부어오른 다리를 보자마자 순간이동이라도 한 듯 다가갔다.

"많이 아파? 어디, 어디 보자."

아빠의 놀란 얼굴과 재빠른 행동에 당황한 딸은 걷지 않으면 참을 만하다면서 아빠 먼저 진정시켰다. 그러곤 천천히 다리를 내밀었다. 남편은 자신이 생각했던 것보다 딸의 다리가 많이 부어 있었는지 적잖이 놀란 표정이었다.

"얼른 병원 가자. 약 먹으면 괜찮을 거야."

솔이는 고개를 끄덕였다. 남편과 딸은 거실로 자리를 옮겼고 나는 식탁을 정리했다. 교회학교 아이들 성탄 선물은 병원 다녀와서 준비해야겠다고 묻는데도 남편은 딸 걱정을 하는지 아무런 대답이 없었다.

"솔아, 성탄 선물 사러 같이 갈래?"

"아빠, 절뚝거리면서 다니기는 싫어."

해마다 가족 모두 성탄절을 준비했는데. 남편은 분위기를 바꾸려는 듯 갑자기 우는 시늉을 했다. 부전여전이라고 덩달아 딸도 훌쩍거리는 시늉을 하면서 입꼬리를 올렸다. 묻는 내 말에 대답도 하지 않고 딸만 쳐다보는 남편을 너그럽게 봐줬던 날. 그날만큼은 우리들의 옷소매엔 눈물 대신 웃음이 적셔 있었다.

나는 잎을 키우고 꽃을 피우며 나무를 자라게 하는 시간이 다 해결할 일이라고 생각했었다. 가족이 건강한 모습으로 아픔 없이 사는 건 특별한 것이 아니라 여겼기에. 2013년 12월 23일. 우리의 식탁 위에 놓였던 건 작은 불안에서 삐져나온 걱정뿐이었다.

며칠 상간에 다리가 저렇게 부어오른 것도 이상하고 뜨거운 정도도 남다른 것이 온통 신경이 쓰였다. 더구나 부딪친 적도 없다고 하지 않는가. 동네 작은 병원으로 가려다 생각을 바꿔 준종합병원에 가기로 했다.

병원 정형외과에 접수하자마자, 솔이는 왼쪽 다리 엑스레이를 찍었다. 대기실 의자에 앉아 기다리던 나는 괜찮을 거라고 수없이 되뇌었지만 순간순간 찾아드는 불안감은 어쩔 수 없는 건지 심장박동이 제멋대로였다.

대기실에 있는 한 남자의 모습이 눈에 들어왔다. 엉덩이 쪽으로 숨긴 듯한 손이 불끈 쥐어져 떨고 있는 남자는 어쩐지 여자 앞에서 웃고 있었다. 세상에! 온 힘으로 주먹을 쥐고는 웃어 보이려는 그 사람이 이상했다. 언뜻 그들이 주고받는 대화가 들렸다. 여자의 질병이 인생을 거머쥐었다는 사실을 짐작할 수 있었다. 남자는 여자 앞에서 가면을 쓰고 웃고 있었다. 불끈 쥐어진 주먹에 자신의 절망을 숨긴 채 말이다.

나는 남편을 봤다. 근심이 홍조로 변해 얼굴빛에 스며들었는지 붉디붉다.

"여보, 아내가 많이 아픈가 봐."

"그러게."

남편은 딸을 가슴으로 끌어당겼다. 건강한 이들의 발자국에 얹혀서 걷는 연약한 이들의 발자국들이 수없이 우리 앞을 지나갔다. 마음이 점점 더 무거워졌다. 진료실 문이 열리자, 환자와 간호사가 나왔다. 곧이어 솔이의 이름을 불렀고 우리는 그 목소리를 따라 들어갔다.

"언제부터 아팠어요?"

"며칠 전부터 조금씩 통증이 있었어요."

솔이의 다리는 한순간에 부어오른 것이 아니었다. 의사는 남편과 나를 보며 말을 이어 나갔다.

"여기 엑스레이에 까만 부분 보이시죠? 왼쪽 다리 정강이 부분인데…. 정밀검사를 위해 MRI를 찍어야 할 것 같습니다."

쿵, 심장이 멈출 듯한 그 한마디의 무게는 어떻든 가볍게 하려던 마음 한 조각마저 매몰차게 가져갔다.

"단순한 염증이 아닌 건가요?"

"MRI 촬영 후 말씀드리겠습니다."

순식간에 원근법이 사라져 버린 풍경처럼 낯선 두려움이 찾아왔다. 예기치 않은 불행이 나에게도 들이닥칠 수 있다는 생각이 온몸에 힘을 빼앗아 갔다. 극심한 불안이 가슴으로 들이닥쳤다.

뜻밖에 솔이는 입원하게 되었고, 집으로 걸어가야 할 발걸음이 방사선실로 옮겨졌다. 붉은 핏기가 돌 정도로 두 손을 불끈 쥐며 아내를 향해 웃던 아까 그 남자의 얼굴이 하필이면 그 순간에 떠오르는지, 소스라치게 놀라며 세차게 고개를 저어야 했다.

"솔아, 엄마가 기도하고 있을 거야. 촬영 잘하고 와?"

딸의 손은 땀으로 흠뻑 젖어 차가웠다. 다리를 절뚝이며 딸이 들어간 방사선실, 구멍 난 눈으로 딸을 삼켜 버린 문을 바라보는데 혹시나 하는 마음이 어찌나 무섭던지 잔뜩 겁이 났다.

"여보, 염증이 아니면 뭐야? 정강이가 부은 것뿐인데 왜 MRI 촬영을 하는 거지?"

"기도하면서 기다려 보자."

부딪친 적 없다는 딸의 말, 뼛속에 있던 시커먼 그림자, 의사의 심각한 얼굴. 얽히고설킨 생각들이 자꾸만 가슴을 조여 왔다. 겁먹은 나는 나약함에 허우적대며 간신히 버텼다. 하나님을 의지하는 마음과 원망할 것 같은 마음이 한 치의 오차도 없이 내 안에서 나란히 걸었다.

태산이 무너지는 듯한 시간이 지나고 있을 때 큰딸 산이에게 전화가 왔다. 그리고 보니 보충수업 마치고 집에 돌아올 무렵이었다. 대뜸 떡볶이와 핫도그를 사 왔는데 왜 아무도 없냐고 캐묻는다. 아침 잠결에 솔이가 분식집에서 핫도그와 떡볶이를 사 오면 안 되냐고 부탁한 모양이었다. 도보로 25분 거리를 10분이나 단축해서 왔는데 다들 어디 있냐며 씩씩거렸다.

큰딸의 목소리는 핸드폰 안을 생명으로 가득 차게 할 만큼 시끄러웠다. 하루라는 놈이, 지칠 줄 모르는 손가락으로 한 움큼 움켜쥔 행복을 공평하게 나누지 않고 장난을 치는 것 같았는데, 전화기 너머로 들려오는 생동감 있는 딸의 목소리에 다소 마음이 누그러졌다.

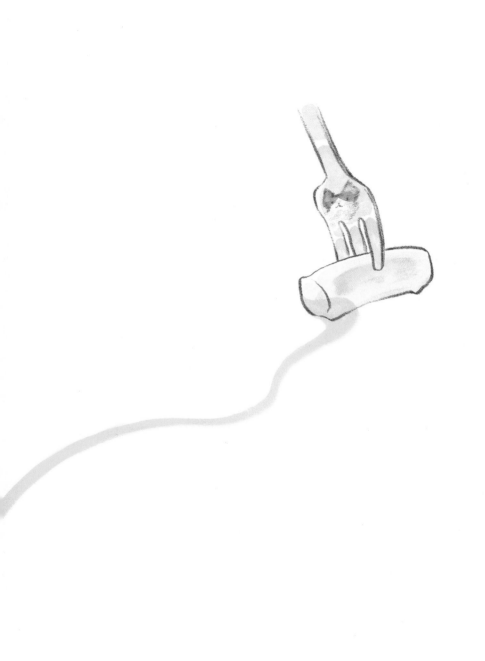

어찌 보면 우리의 인생은 참 단조롭다. 먹고 자는 일의 연속이기도 하니까. 매 끼니 사이사이에 예상 밖의 일이 일어나지 않는다면 죽을 만큼 단조롭다며 가슴 뛰는 일을 경험했으면 좋겠다고 외칠 거다. 익숙함에서도 새로움을 찾아야 하는 게 사람이니까.

내 곁에 있는 소중한 것들이 사라질까 봐 두려움에 마음이 연연하다. 살아가는 삶도 정해진 것 하나 없는데, 두려움을 벗고 가벼움을 내 안에 두었으면 하는데 그 까만 그림자가 자꾸만 아른거리며 용기마저 숨겨 버린다. 믿음에서 피어나는 단순한 길이 왜 이렇게 어려운지 두려움이 물러서질 않고 점점 더 커지기만 한다.

내 손에서 핸드폰을 빼앗아 큰딸과 통화하던 남편이 다시 왔다. 눈물을 그친 나를 보더니 핸드폰을 내밀었다. "엄마" 하고 따뜻한 목소리가 들렸다. 대답이 없자 다시 "엄마" 하고 부른다. 엄마가 울고 있다는 걸 알아차린 딸은 머리 아프다며 울지 말란다. 아빠가 필요한 물품 챙기러 집에 올 때 함께 병원에 갈 거라면서 "큰딸도 보고 싶지?"라며 밝게 물었다. 그러더니 어릴 때처럼 또다시 건네는 한마디, 내 마음을 일깨우는 말이었다.

"엄마, 하나님이 우리 삶을 지키신다고 늘 이야기 해 줬잖아. 나도 솔이도 하나님을 알아. 우린 엄마 아빠를 통해 그 하나님을 보면서 자랐거든."

지난날 우리 엄마가 공장에서 일하다 손가락을 다친 언니를 떠올리며 수돗가에 앉아 서럽게 울던 때를 기억한다. 곱디고운 나이에 손가락을 다쳤는데 가여워서 어떻게 하냐며 가슴을 쳤다. 애통해하는 엄마가 불쌍해서 수돗가에 주저앉아 따라 울면서 말했다.

"엄마, 언니도 하나님을 믿잖아. 잘 이겨 낼 거야. 엄마가 낳은 자식들은 하나님을 알아."

그때 나를 바라보던 엄마의 눈빛이 아직도 선명하다. 세월이 지난날을 흐릿하게 해도 서글프게 울던 엄마가 감사 찬송을 부르며 마당을 마냥 거닐던 그 순간이 생생하다.

나의 하나님이 우리 딸들의 하나님이란다. 순수하게 하나님을 받아들였던 어린 시절의 나처럼 우리 딸들도 마음껏 하나님을 사랑한다고 말하고 있었다. 내 엄마의 하나님이 나의 하나님이 되고 나의 하나님이 우리 딸들의 하나님으로 이어지고 있는 지금 이 순간의 삶. 아린 가슴이 떨려 온다.

2.

솔이와 단둘이 아침을 맞았다. 회색빛 새벽을 지나 늦게 뜨는 아침 해가 밝았다. 벌써부터 병원은 분주하다. 여기저기 흩어지는 발걸음 소리와 병실 문이 열리고 닫히는 소리가 번거로이 들린다. 아침부터 쉬지 않고 마음이 두근거리는 건 회진 시간이 가까워지고 있다는 반증이었다.

드디어 노크 소리가 들리더니 간호사가 들어왔다. 솔이의 몸 상태를 체크한 후 나를 부르더니 보호자만 진료실에 내려오라고 했다. 엄마라는 사람이 참 못나게 잔뜩 겁먹어서 경직된 얼굴로 솔이를 봤다. 억지웃음도 나오지 않는 그야말로 멈춤 상태였을 것이다.

"엄마, 베개를 꼭 껴안고 핸드폰 보고 있을 테니까 걱정하지 말고 다녀와."

의외로 솔이의 목소리는 차분했다.

어젯밤 솔이와 나는 베개를 가지고 장난쳤다. 다인실 병실이 없어서 2인실에 입원했는데 환자가 들어오질 않아 우리끼리 실컷 자유로웠다. 병실의 환한 불빛 아래서 산이가 챙겨다 준 노트북으로 영화를 보고 둘이 있기에는 좁디좁은 침대에 나란히 누워 지금이 아닌 다른 날들을 이야기하며 시간을 보냈다.

현재의 슬픔은 과거를 기쁨으로 치장하고 현재의 기쁨은 과거를 슬픔으로 기억하도록 만들어서 기쁨과 슬픔은 상대적이라고 하던데 딱 맞아떨어지는 말 같았다. 나의 과거는 기쁘고 현재는 너무 슬펐다.

슬그머니 일어나 병실 불을 껐다. 불안이 자꾸만 마음을 흔들어 어둠에 숨고 싶었다. 암흑이 찾아와 우리의 몸을 까맣게 색칠하고 완벽한 어둠에 숨었다고 생각했는데 내가 어둠에 숨어들기도 전에 은은하게 병실이 밝아졌다.

창밖에서 들어오는 불빛이 닫힌 커튼 사이로 새어 들어와 부드럽게 병실을 비췄다. 다시 일어나 좀 더 꼼꼼하게 커튼을 닫으려는데 솔이가 일어나는 소리가 들렸다. 뒤돌아서는데 어둠도 이기지 못한 딸의 불안이 희미한 불빛 속에서 나를 보고 있었다. 웃음기가 빠진 표정이었다.

"잠이 안 와?"

"응"

"집에 가고 싶지?"

"응, 언니랑 침대에서 장난치고 싶어."

하얀 솜 베개를 가슴에 안고 얼굴을 기대고 있는 솔이 모습이 어스름한 불빛에서 아른거렸다. 말줄임표가 많았던 날이 또다시 이어지려 했다.

"솔아! 껴안고 있는 베개 푹신해?"

"그걸 왜 물어?"

"엄마가 베개 없으면 잠을 못 자잖아."

커튼 사이로 들어오는 불빛 아래서 베개를 차지하겠다고 서로 밀고 당기는 쟁탈전이 순식간에 벌어졌다. 베개를 뺏고 간지럼을 태웠더니 몸부림치며 깔깔깔, 웃는다. 어찌 그리 예쁘고 환한지. 나는 딸의 웃는 모습을 하얀 베개 속에 꾹꾹 눌러 넣었다. 허공에 떠도는 수많은 생각들이 이 웃음을 꺼내 가지 못하도록.

"솔아, 너도 알지? 하나님이 지켜 주신다는 것. 우리가 먼저 겁먹지 말자."

나에게 한 말이기도 했다. 병실에 어둠이 깊게 찾아들고 내 품에서 잠들어 있는 딸을 쓰다듬으며 속엣말을 할 수밖에 없었다.

'믿음으로 걷는 유연한 마음가짐이 필요해.'

한없이 기도하는 하얀 밤이었다.

진료실을 향하는데 이른 시간부터 사람들로 꽉 차 있었다. 창백한 얼굴에 통증으로 찡그려진 얼굴들이 여기저기 보이고, 급한 걸음으로 지나가는 사람들 중에는 폭풍이 휘몰아칠 듯이 위태로워 보이는 이도 있었다.

구석구석에서 자신의 고통을 감내하다 고요하게 때론 울부짖으며 이곳에 찾아 들어온 사람들. 살아 있다는 게 특별한 일이 아닌 것처럼 무감각하게 지내다가 굳이 알고 싶지도 않는데 죽고 사는 것이 수평선 상에서 나란히 걷고 있다고 알려 주는 곳이었다.

'제발 나에게, 내 사랑하는 이들에게, 예상치 못한 손님처럼 다가오지 말아 줘.'

삶을 붙잡으며 죽음을 향해 말을 걸도록 하는 이곳, 지금 내가 서 있는 병원이 그처럼 느껴졌다. 삶과 죽음이 빛처럼 수시로 교차했다.

남편이 보고 싶었다. 지금 어디쯤 왔을까? 큰딸 학교 보내고 급한 일을 마무리하고 온다고 했는데 아직이다. 검사 결과를 확인하러 가는 이 자리에 함께였으면 내가 덜 두려웠을 텐데. 진료실 문을 들어서니 의사는 컴퓨터 모니터를 보고 있었다. 인사하고 빈 의자에 조용히 앉았다. 초조한 얼굴로 쳐다보고 있는 나를 향해 의사는 내 눈이 아닌 공간 속에 있는 사람의 몸 전체를 보는 듯한 시선으로 말하기 시작했다.

"예후가 좋지 않습니다. 조직검사를 해야 더 정확하게 알겠지만, 지금의 소견으로는 악성 종양입니다."

악성 종양? 질문이 금속성으로 튕겨 나갔다.

"우리 병원에서는 치료할 수 없습니다. 이쪽 분야에 최고의 실력을 갖춘 한성대학병원에 김인수 교수님이 계십니다. 연락을 드렸더니 다행히 오늘 진료가 가능하다고 하십니다. 소견서를 써 드릴 테니 곧바로 가십시오."

지금 이 의사는 무슨 말을 하는 걸까? 악성 종양은 무엇이고 왜 대학병원에 가라고 할까? 이해할 수 없는 말들이 온통 허공에서 소용돌이치며 윙윙거렸다. 나는 한참을 멍하게 있었다.

"선생님! 암이라고 말씀하시는 건가요?"

결국 떨리는 목소리를 밀어내며 묻고 싶지 않은 질문을 했다. 심장이 미친 것처럼 날뛰었다.

"조직검사를 해야 정확히 알 수 있습니다."

의사는 말을 삼갔지만, 만약 암이면 어떻게 되냐고 두려움을 토해 내는 내게 성장하는 딸을 빗대며 몇 개월 살지 못한다고 결정적인 진단을 하고 말았다.

그 순간 하얘졌다. 진료실을 어떻게 걸어 나왔는지 아무 기억이 나지 않는다. 넋이 나가 버린 것이다.

'하나님, 무슨 일이 일어난 거예요?'

자꾸만 눈앞이 아찔하면서 어지러웠다. 어제까지만 해도 약만 먹으면 될 거라고 함께 성탄 준비를 하자며 웃기도 했는데 무슨 일이 일어나고 있는 건지.

가슴으로부터 밀려온 둔통이 온몸으로 퍼지고 심장이 멎을 것 같은 괴로움이 숨을 막아섰다. 아… 하나님 제발. 교회를 개척하고 어려운 환경에서 아이들이 자라고 더 나아가 내 어린 시절까지 들추어 봐도 지금처럼 무서운 일은 없었다.

핸드폰이 손에서 빠져나가려고 했다. 아니 내 몸이 쪼그라들어 핸드폰에 짓눌려 있는지도 모르겠다. 부들부들 떨리는 한 손을 다른 한 손으로 붙잡고 남편에게 전화했다.

"여보, 지금 가는 중이야. 조금만 가면 도착해."

신호음이 울림과 동시에 늘 그렇듯 밝은 목소리가 들려왔다. 눈물이 삼켜 버린 내 목소리는 발끝으로만 향했고 웅성거리는 사람들 소리만 핸드폰 속으로 들어갔다.

"왜 말이 없어. 무슨 일 있어, 여보?"

나는 먹먹한 가슴을 뚫고 겨우 한마디를 토해 냈다.

"빨리 와, 무서워."

남편이 운전 중이기에 감정을 절제하려 했지만 혼자서는 감당할 수 없는 절망이었다.

"어떡하지, 솔이가 악성 종양일 수 있대. 대학병원에서 조직검사를 받으라고….."

백색 소음이 날개를 치고 우리의 대화는 침묵이 가로채 흐느낌만 존재했다. 더 이상 참지 못한 나는 화장실로 뛰어갔다. 변기통에 주저 앉아 속울음을 토했다. 죽음을 이렇듯 가까이 느끼긴 처음이었다. 악성 종양이면 몇 개월밖에 살지 못한다는 의사의 말은 삶을 통째로 뽑아 버렸다. 대학병원에서 조직검사를 하면 아무 이상 없을 거라 외치면서도 인식은 자꾸만 나락으로 떨어졌다. 엑스레이 사진에 시커멓게 자리 잡고 있던 동그란 그림자는 너무도 공포스러웠다.

'하나님 제가 엄마예요. 당신의 사랑으로 걸어왔던 수많은 시간을

기억하며 무너지지 않게 해 주세요. 지금 당신의 사랑이 필요해요.'

가쁜 숨일지라도 쉴 수 있던 유일한 방법이고 호흡이었던 그분의 손을 붙잡으며 정신을 똑바로 차리라고 나를 다그쳤다. 눈물로 얼룩진 얼굴을 닦고 굽어진 허리를 곧게 펴고 발끝에 힘을 실어서 솔이가 기다리고 있는 병실로 가라고. 모든 일은 하나님께 속한 것임을 고백하며 마당을 거닐었던 그날의 엄마처럼 너도 믿음으로 걸어가라고. 그 힘으로 일어서라고.

병실 문을 열자, 딸이 내 얼굴을 빤히 쳐다봤다. 굳은 얼굴에 눈동자만 움직였다.

"엄마, 선생님이 뭐라 하셔?"

어떻게 말해야 할지 결정을 내리지 못했는데 보자마자 물었다. 입술은 굳고 머리는 새하얘지고 말문은 이미 막혀 있었다. 선뜻 대답을 못하자 "엄마, 나도 조금은 알아"라고 딸이 말했다. '무엇을 아는데?' 입 안에서만 질문이 맴돌았다.

솔이는 내가 없는 동안 자신의 증상을 핸드폰으로 검색했다. 생각했던 것보다 무서운 병명과 글들로 꽉 차 있는 것을 보며 딸은 공포 속으로 빠져들었다. 내가 더디게 걸어왔던 시간만큼 홀로 견디고 있었다.

나는 얼버무리며 정확한 진단을 위해 대학병원에서 조직검사를 할 거라고 말했다.

"병명이 뭔데 조직검사를 해야 해?"

딸은 짐짓 날카로웠다. 인터넷 정보에 노출되어 극도로 예민해져 있는 딸. 퉁퉁 부어 있는 내 눈과 불안한 얼굴. 딸이 받을 충격을 생각하면 끝까지 말할 수 없었다. 하지만 여러 가지 추측으로 홀로 불안한 것보다 함께 의지하는 것이 나을 것 같다는 생각이 어렴풋이 들었다. 하나님을 의지하며 솔직해지기로 했다.

"솔아, 사실대로 말해 줄 테니까 잘 들어. 아직 최종 진단이 아니라는 걸 꼭 명심해."

심장이 터질 것 같아 숨을 크게 한 번 들이마시고 내쉬었다. 그리고 계속 말을 이어 갔다.

"대학병원에서 조직검사를 받아야 하는 이유는…."

저 작은 가슴에 내가 지금 무슨 말을 한 건지. 하얀 베개 속에 꼭꼭 눌러놨던 기쁨과 소망을 절망이 끄집어내더니 날개 치듯 온 병실을 휘저어 버렸다.

그때였다. 문 앞에 처연하게 서 있던 아빠를 발견한 딸의 외침이 크게 들렸다.

"아빠, 정말로 나 암이야?"

옴짝달싹 못 하고 그 자리에서 망부석이 되어 버린 남편을 향해 딸이 또 외쳤다.

"의사 선생님이 암이라고 했대. 아빠, 무서워."

인간의 슬픔과 고통이 커다란 빗자루가 되더니 불확실성을 가진 마음으로 삽시간에 두려움을 쓸어 담았다. 휘몰아쳐 쌓이는데 멈춤 버튼을 찾질 못하고 속수무책으로 당했다. 마음을 걷잡을 수 없어 절망으로 딸에게 향하는데 막질 못하고 눈물만 흘렸다.

"솔아, 아빠랑 엄마가 잘하는 거 알지? 믿고 기도하면 하나님이 일하실 거야."

눈물범벅이 된 아빠가 흐르는 눈물을 삼키면서 한 말은 경험이고 삶이라는 것을 알았던 딸은, 도망칠 구멍이 없는 절망을 가슴 한편에 품은 채 무서운 현실을 믿음 위에 얹었다. 자신의 힘이 아닌 삶에 젖어 함께 걸어오던 딸의 하나님이 힘을 끌어내 주셨다. 가장 어렵고 힘든 시기에 가장 단순하게 믿고 의지할 힘이 떨리는 호흡을 이루며 남편과 딸과 나를 감쌌다.

'지금, 이 순간에, 우리의 많은 생각은 필요치 않아.'

흔들리고 있는 연약한 믿음이 조금씩 더 힘을 내고 있었다.

3.

한성대학병원으로 출발했다. 매서운 겨울이 온몸으로 달려들며 극심한 한기를 느끼게 했다. 내 안에서 스멀스멀 기어오르는 불평과 원망은 얼리지도 못하면서 연약해서 보이지도 않을 내 믿음을 틈새도 없이 꽁꽁 얼리려고 했다.

차창 밖으로 새 한 마리가 포르륵 날아가며 겨울 들판에 적막을 헤집었다. 추위를 피해 무리를 지어 떠나야 했을 건데 무슨 사연이 있었는지 홀로 들판에서 날아올랐다.

저 새는 다시 봄을 맞이할 수 있을까? 혹독하게도 추운 겨울을 이기고 날개를 다시 펼쳐서 비상할 수 있을까? 제발 고난을 짓밟고 훨훨 날아오르면 좋으련만.

고개를 돌려 솔이를 봤다. 경험해 보지 못한 시간을 달리고 있을 딸의 세상이 안쓰러웠다. 그런데 솔이가 쌔근쌔근 자고 있는 것이 아닌가. 자동차의 속도와 움직임 따라 몸이 이리저리 흔들리다 창문에 스르륵 기대더니 더 깊은 잠 속으로 빠져들고 있었다. 시큰거리는 코끝이 맵디매웠다.

"여보, 솔이가 자."

핸드폰 검색을 통해 알게 된 정보들과 나에게 들었던 말들을 가슴에 담은 채로 수없이 지나간 일상처럼, 평범했던 그날처럼 잠을 자고 있었다. 딸을 본 남편은 목울대를 치고 올라오는 눈물을 참으려고 애쓰는지 꺽꺽거렸다. 하지만 눈물은 터져 버렸고 삽시간에 안경을 얼룩지게 했다.

위험하다 싶어 갓길에 차를 세우려는데 순간적으로 핸들이 꺾이면서 자동차가 비틀거렸고 급브레이크를 밟고 말았다.

"솔아?"

다급하게 딸을 불렀다. 안전띠를 매고 있어도 상체가 앞뒤로 크게 움직였을 상황이었다. 얼마나 곤하게 자고 있었으면 졸린 눈으로 괜찮다고 중얼거리더니 몸을 뒤척이며 자세를 고쳐 앉고 세상을 배경 삼아

다시 잠에 빠져들었다. 아! 하나님.

　우리의 시간에 믿음이 온통 앞서기만 하겠는가. 희미하게 흔들리는 촛불처럼 존재한 소망이 사라지고 그 자리에 절망이 찾아올까 봐 겁을 먹고, 끝없을 것 같은 두려움을 내뱉으며 하나님을 원망하고 그러다 다시 또 일어서고 걷고, 고통스러운 현실을 안고 달려야 하는 무섭고 불안할 이 길에 딸의 시선은 꿈속에 있었다. 평안하게 잠든 딸은 그 품에서 걱정 없이 자유로웠다.

　나 무엇과도 주님을 바꾸지 않으리.
　다른 어떤 은혜 구하지 않으리.
　오직 주님만이 내 삶에 도움이시니
　주의 얼굴 보기 원합니다.

　솔이가 듣고 싶다던 그 찬양이 내 안에서 흘러나왔다. 개척을 준비하면서 참 많이 부른 찬양이었다. 산이와 솔이는 이 찬양이 나오면 제법 큰 목소리를 냈다. 두 딸이 약속이라도 한 듯 후렴구에 들어서려는 순간부터 준비 태세여서 재밌게 지켜보곤 했다.
　"주님 사랑해요. 온 맘과 정성 다해. 하나님의 신실한 친구 되길 원합니다."

각자의 몸동작에서 뿜어 나오는 행동을 취하면서 목청껏 찬양을 불렀다. 딸들의 목소리에 신난 남편은 핸들을 두드리며 드럼 치는 흉내를 내곤 했다. 자신만만하던 박치 남편의 엉성한 박자와 몸동작은 또 하나의 커다란 웃음이었고 역동적인 행복을 스며들게 했다.

우리의 삶에서 지식보다 지혜가 좋다고 한다. 하지만 지혜만 있다고 될 일이 아니라는 걸 안다. 그 지혜를 온전히 느끼는 게 무엇보다 중요하다. 딸들이 주님을 사랑한다고, 친구가 되길 원한다고 얼굴이 발개질 때까지 목 놓아 찬양할 때, 가슴속에 있던 행복이 튀어나와 시끄럽게 떠들며 하나님의 사랑과 지혜를 채워 줬다. 몸과 마음으로 고백하는 하나님을 향한 한 걸음이 되었다.

찬양하며 웃던 딸들의 얼굴이 아른거려 희미하게 웃었다. 스치는 이정표를 보니 병원이 가까워졌다. 끝없이 달려갈 것 같았던 이 길도 끝이 보이고 솔이의 단잠을 깨울 시간도 가까워지고 있었다.

하나님이 솔이와 남편과 내게, 무너지지 않고 담대하게 부딪칠 수 있는 힘을 주시길 기도한다. 뜨거운 햇빛을 받으면서 바람이 일기를 기다리지만은 않을 거라고 스스로 다짐해 본다. 터질 듯이 박동하는 심장 소리를 들으며 주차장 푯말을 따라 거대한 하얀 건물 속으로 들어가는 시간. 부디 평온해진 심장 소리를 들으며 웃을 수 있기를.

　다시 기다림이다. 세영병원보다 더 많은 사람 사이에 있다. 김인수 교수는 암 병동과 희귀질환 센터를 오가며 진료한다는 것을 알았다. 이 분야에서는 유명한 의사라고 하는데 전문 분야가 암과 희귀질환이 었다. 병원 복도 천창에 대롱대롱 매달려 있는 '희귀질환 센터'라는 푯말이 자꾸 거슬린다. 피부로 느껴 보지 못한 생경한 병명이다.

　"솔아, 목마르지 않아? 물?"

　"괜찮아, 엄마."

　"그럼, 아빠 어깨에 기댈래?"

　딸은 살며시 아빠 어깨에 머리를 기댔다. 침이 말라 입이 바싹 타들었는데도 물을 먹지 않겠다고 한다. 아빠와 엄마를 옆에 두고 싶었던지 솔이는 움직이지 못하게 팔을 꼭 끼었다.

　"솔아, 성탄 예배드리고 영화 보러 가기로 했는데 기억하고 있어?"

　"응, 언니가 예매해 놨다고 했잖아."

　"제목 생각나?"

　"흐흐흐 생각 안 나. 엄마는?"

　"엄마도 생각 안 나. 언니가 알아서 했겠지. 그렇지?"

"… 엄마."

솔이는 한동안 머뭇거렸다.

"나 영화 보러 갈 수 있을까?"

"물론이지."

드디어 현실과 맞닥트릴 시간, 우리 차례였다. 길고도 길었던 기다림도 끝인데 도망치고 싶은 마음이 더 꿈틀댄다. 솔이의 이름을 부르는데 몸이 바르르 떨렸다. 대기실 의자에서 두 뺨이 될까 말까 하는 진료실을 향해 걸어가는데 등에 무거운 짐을 짊어진 것만 같았다.

딸의 주치의 김인수 교수는 인턴들에게 둘러싸여 있었다. 숨 막히는 공간과 시간 안에 내가 또 있다. 다리에 힘은 들어가지 않고 가슴은 또 세차게 뛴다.

'제발! 악성 종양입니다, 라고만 말하지 말아 주세요.'

떨고 있는 마음이 쉬지 않고 중얼거리는데, 김 교수의 말이었다.

"우선 암은 아닙니다. 정확하게 병명을 말씀드리기 전에 미리 알려 드립니다."

순간 몸에서 힘이 빠져나갔다. 딸의 손등에 뚝뚝 떨어지는 눈물을 보며 나는 종이 인형처럼 흔들리다 그대로 주저앉고 말았다. 슬픔이 말을 훔쳐 간 시간에 참고 견뎠던 무서움과 불안이 솔이 몸에서, 남편과 나의 몸에서 뚝뚝 떨어져 환희로 채워지며 끝없이 달려가는 순간을 맛보았다. 그랬는데….

너무도 짧은 순간의 찰나였다. 뒤이어 들려오는 주치의의 말은 딸의 삶이 순한 세월을 살 거라는 기대를 하지 못하게 했다. 솔이의 길에 통증이 동반된 삶이 다가왔고 남아 버렸다. 죽음이란 놈은 곱게 물러서지 않고 희귀병이란 몹쓸 고통을 남겨 두고 떠나갔다.

딸의 정강이 뼛속에는 골수를 잡아먹는 종양이 자라고 있었다. 김교수는 딸이 성장하면 종양도 함께 자랄 거라면서 부딪치거나 심하게 뛰는 것을 삼가라고 했다. 그러면서 덧붙였다.

"아직 치료제가 없어서 통증이 오면 참을 수밖에 없습니다."

이 따위 무서운 말을 어떻게 내뱉을 수 있단 말인가. 정강이 뼛속에 있는 종양은 성장해야 하는 딸의 세월 앞에 어찌나 강한지 수술해도 다시 자라나 끈덕지게 달라붙을 거라고도 했다. 단지 아주 긴 세월이 지나야 조금씩 힘을 잃어 갈 거라는 실낱같은 희망의 말도 함께였다.

진료실을 나와 다시 의자에 앉았는데 정신이 혼미했다. 딸의 다리는 여전히 아픈데 처방전 하나 없고 6개월 후에 예약된 정기검진 날짜만 덩그러니 손안에 있었다. 쉽게 깨져 버릴 연약한 뼈와 쥐어짜는 고통과 수없이 찔러 대는 통증은 오롯이 딸의 몫이라는 듯 의사도 부모

도 관찰 외에는 아무것도 해 줄 것이 없었다.

계절의 냄새를 맡으며 뛰는 것을 좋아하는 우리 딸은 이제 겨우 열네 살인데. 남편의 어깨에 머리를 툭 떨궜다. 생각이란 게 내 안에 없는 사람처럼 텅 빈 느낌이었다.

'지금 이 상황을 어떻게 받아들여야 할까? 무엇을 붙잡고 찾아서 감사하며 믿음의 용기를 내야 할까?'

솔이를 쳐다봤다. 영락없이 내 모습을 닮아 있었다. 손을 내밀어 딸의 손을 잡았다. MRI 촬영하러 들어가던 그때처럼 땀으로 흠뻑 젖어 있었다. 살며시 딸의 손을 펴서 내 손을 얹었다. 그러곤 손과 손을 비볐다. 딸이 감당했던 공포와 불안이 손과 손 사이에서 겨울바람과 함께 서서히 사라지는 것 같았다. 고슬고슬해진 딸의 손을 놓지 않고 매만지는데 나를 보듬고 일으켜 세우려는 엄마의 목소리가 들리는 것만 같았다.

"괜찮다잉. 시간이 남아 있응께. 고통을 느낀다는 것은 아픔이고 괴로움이긴 헌디, 살아 있다는 증거이기도 항께. 불과 몇 시간 전을 떠올리면 보일거여! 어떠냐, 남겨진 시간이 눈에 확 들어오제. 믿음을 갖고 용기 내서 부딪쳐 보자잉. 크신 하나님이 붙드실 경께."

우리에겐 남겨진 시간이 있었다. 연약한 힘으로 밟는 땅일지라도 딸과 걷는 세상을 살아간다는 것은 행복임을 안다. 용기 내어 기도하며 미래를 붙잡는다.

여호와여 오직 내가 주께 부르짖었사오니 아침에 나의 기도가 주의 앞에 이르리이다 (시 88:13)

계절의 냄새를 느낀다며 뛰어다니던 딸의 땅은 천천히 걷는 세밀한 한 발 한 발이 됐다. 하나님이 이 고통을 말끔하게 없애 주실 거라 기대했지만 고통은 남았다. 통증에 주저앉아 굵은 눈물방울을 흘리는 딸을 보며 절망하는 날도 많겠지만 하나님의 시간 안에서 떨림으로 품어야 했다.

"솔아, 언젠가는 꼭 치료제가 나올 거야. 아빠도 엄마도 언니도 늘 네 옆에서 든든한 발이 되어 줄게. 힘들겠지만 하나님과 함께 걷자. 고통이 따라오더라도 기도하면서 믿고 걸으면 안전할 거야."

솔이는 내 손을 꼭 잡았다.

"엄마! 집으로 돌아가는 이 길이 참 좋아. 침대에서 언니랑 뒹굴어야지."

딸은 무서운 질병 앞에서 믿음으로 용기를 냈다. 번지점프대 위에서 내려다본 세상이 무서워 뒤로 물러서다가도 사랑하는 사람과 함께면 용기 내어 뛰어내리듯이, 딸도 두려움을 안은 채 물러서지 않고 부모의 손을 꼭 잡고 사랑을 외치며 뛰어내렸다.

이제 집으로 돌아가는 길이다. 이곳저곳에 장식된 성탄 불빛들이 조금씩 빛을 더하는 시간이다. 구세군 종소리가 딸랑딸랑 울려 퍼지는 도심 속. 움츠리며 걷는 사람들의 빠른 발걸음 속에도 멈춤은 있어 빨간 구세군 자선냄비가 채워져 간다.

앞으로 우리 삶에 어떤 변화가 더 일어나서 고통스럽다며 하나님을 원망할지 알 수 없다. 그렇다 하더라도 넘어지는 것을 두려워하지 않고 원망하다가도 다시 되돌리며 하나님의 얼굴을 구하며 갈 것이다. 가족이라는 이름으로 손을 잡고 하나님 주신 길 따라 걷고 또 걸으면서 세월을 저장할 것이다.

그러다가 어느 날 열심히 길 따라 걷는 중에 삶이 나에게 하고 싶은 고백이 있냐고 물어 오면, 햇살 닮은 작은 사랑 하나에 수줍은 믿음을 얹어서 살포시 고백하련다.

"당신이 내게 준 길입니다."

4.

　딸의 뒷모습을 바라보는 남편의 눈빛은 마냥 불안했다. 먼발치에서 딸의 걸음을 따라 걸으며 혹시나 넘어지면 잡아 줄 기세였다. 두 손을 내밀며 눈발이 휘날리는 길을 따라가는 남편의 모습은 그저 아빠와 딸의 장난스러운 장면이라고 착각할 만했지만 실상은 불안이 등 떠밀어서 나선 처지였다.

　대학병원에서 기가 막힌 진단을 받고 난 후, 첫눈이 내리던 날의 일이었다. 우리 가족에겐 한적한 시골길처럼 한결같이 닮아 보이던 길이었고, 눈 감고도 상상할 수 있는 익숙한 풍경이었는데. 그 길에 그림자가 드리워지며 불안과 조바심이 찾아들었다.

그날 이후 솔이는 첫걸음마를 하는 아이 같아서, 학교 가는 길이 멀기만 했다. 남편과 나는 불안이 밀려올 때면 딸의 뒷모습을 눈에 담아야 안심했다. 학교 가는 길에 숨어든 우리의 길도 아슬아슬했다.

딸이 중학교를 졸업하고 한적하기만 하던 그 길에 자동차가 지나다니고, 고등학교 교복을 입은 딸은 운전하는 아빠 옆 좌석에서 잠이 덜 깬 눈으로 하루를 열었다. 그동안 숨어서 뒤따라가던 길이 사라지자, 딸의 걸음을 동행하는 등하굣길이 시작되었다. 그 길은 자연스럽게 대학까지 이어졌고, 대학 4년을 무사히 마친 졸업식 날에야 멈출 수 있었다.

남편은 딸의 등하굣길을 7년 동안 책임졌다. 바쁜 일정에 꼬여 버린 시간일 때나 몸살로 몸이 찌뿌둥할 때면 한 번쯤 전철을 타고 가라고 말할 법도 한데 그럴 때마다 딸이 미안해할까 봐 아빠의 시간은 걱정하지 말라면서 먼저 이야기를 건넸다.

마음을 알아차린 딸도 가만있지는 않았다. 아빠의 시간을 눈여겨보며 스스로 전철을 타고 집에 왔다. 딸은 미리 말하면 아빠가 데리러 올 거라는 걸 알았기에 전철을 타고 난 후에야 소식을 알렸다. 버리고 싶지만 버릴 수 없는 아픔을 가슴에 담아 둔 채 서로를 배려하며 남편과 딸의 시간은 그렇게 물 흐르듯 흘러가며 채워졌다.

남편이 운전하는 중에 뜬금없이 눈물을 보인 적이 있었다. 한 번은 딸의 고등학교 졸업식 전날 학교 앞을 지나가는 길이었고, 또 한 번은 딸의 대학교 졸업식 전날이었다. 마지막 날이 다가온다면서 눈시울을 붉히던 남편이었다.

고등학교 3년, 대학교 4년의 등하굣길에 딸의 발이 되어 주었던 남편이었다. 시고, 짜고, 달았던 눈물의 길이기도 한 짧지 않은 나날들에 대해 안도감이 밀려왔고, 그와 동시에 딸과의 등하굣길이 기억 속으로 사라지는 아쉬움이 눈물로 흘러내리고 있었다.

비록 아픔과 고통으로 시작된 길이었지만 현실에 묻히지 않고 수다스럽게 달리며 둘만의 데이트를 즐겼기에, 살아 있는 자만이 누리는 행복이 고통만큼 가득하게 기록되었다.

남편이 핸드폰에 저장해 둔 편지를 나에게 보여 준 건 딸의 대학 졸업식 며칠 전이었다. 마지막 수업이 있던 날 학교 카페에서 쓴 편지라고 했다. 핸드폰에는 딸과 함께한 세월의 흔적이 마치 오늘처럼 살아 있었다. 조금씩 조금씩 메모가 되어 있던 추억들이 제법 되었다. 남편이 쓴 편지의 일부분이다.

막둥아 생각나니? 아빠랑 학교 가는 길에 듣고 불렀던 수많은 노래들 말이야. 장르와 시대를 넘나들며 막둥이가 선곡한 노래는 모두 다 기가 막혔지. 덕분에 아빠는 너희 세대의 노래도 알게 되는 행운을 누릴 수 있었어.

혹시 우리가 부른 노래 중에서 아빠에게 가장 기억에 남는 노래가 있는데 막둥이는 알까? "아빠 밖에 비가 오네" 하고 네가 말하면 "응 알았어"라며 틀었던 노래인데. 우리는 비 오는 날이면 약속이라도 된 듯 이 노래를 불렀잖아.

그래서인지 아빠는 지금도 딸이 없는 날 비가 오면 익숙한 습관처럼 이 노래를 틀어. 아빠의 귀에 막둥이의 목소리가 들리는 것 같아 행복하거든. 한 번 불러 볼 테니 들어 볼래? "사랑했나 봐 잊을 수 없나 봐, 자꾸 생각나 견딜 수가 없어." '비'라고 할 때 막둥이도 알았지? 윤도현의 〈사랑했나 봐〉라는 걸.

에피소드 하나가 더 생각난다. 엄마랑 언니와 함께 야외로 드라이브 가던 중에 갑자기 비가 쏟아졌어. "아빠 비"라고 네가 말하자 흐르던 음악을 멈추고 이 노래를 틀었잖아. 볼륨을 놓이며 둘이 큰 소리로 노랠 부르자 "뭐야, 나만 모르는 둘만의 비밀이 있는 거야?" 서운해하는 엄마의 외침이 들렸어. 아빠는 아주 껄껄껄 웃었지. 아마도 이 노래는 아빠 인생에서 잊을 수 없을 것 같아. 음악 소리에 맞춰 따라 부르던 사랑스럽고 예쁜 딸이 노래에 가득 차 있거든.

아빠가 피곤할까 봐 커피 한 잔을 들고 걸어오던 막둥이도 생각난다. 긴 머리카락에 검정 옷으로 멋스럽게 차려입고 대학 캠퍼스에 우뚝 서 있다가 아빠를 보면 웃으면서 달려왔지. 달려오지 말고 천천히 걸어오라고 손짓하면 더 웃으면서 뛰어왔잖아. 개구쟁이 녀석 같으니라고. 옷 속에 숨겨져 있는 아픔은 아랑곳하지 않고 차에서 기다리는 아빠가 반갑다며 환하게 달려왔어. 감사하게도 많은 날이 참 빛나고 밝았다. 물론 잊지 못한 슬픈 모습도 있지만 말이야. 그날도 오랫동안 기억될 것 같다.

대학 입학 후 혼자 등하교를 하겠다며 일주일 동안 대중교통으로 학교에 다닌 적이 있었어. 결국 아픈 다리에 무리가 와서 잘 걷지 못했지만. 다음 날 아침에 아빠가 학교에 데려다줬는데 차에서 내려 강의실로 걸어가는 너의 뒷모습이 그렇게 고통스러울 수가 없더구나.

대학 생활의 부푼 가슴을 안고 설레는 마음으로 강의실로 걸어가는 수많은 학생 사이로 아픈 다리를 절룩거리며 조심스럽게 천천히 걸어가는 내 딸의 모습이 보였거든. 괜찮다는 듯이 뒤돌아보며 손을 흔들었던 우리 막둥이. 집으로 돌아오면서 길가에 차를 세워 놓고 한참 울었

단다. 엄마에게 전화하면서 더 크게 소리 내어 울고. 하루가 온통 너의 모습으로 꽉 차 버린 날이었어.

수업이 끝나고 다시 학교로 데리러 갔는데 넌 아픈 모습 그대로였어. 우리 딸은 저 다리로 하루 종일 강의실을 옮겨 다니며 수업을 했겠구나 싶은 마음에 억장이 무너지고 말았지. 그런데 너는 아무 일 없다는 듯이 "아빠 안녕" 하더구나. 그러곤 피곤했던지 얼마 있지 않아 잠들어 버렸어.

아빠가 눈물을 참지 못하고 울고 말았는데 훌쩍이는 소리에 잠이 깬 네가 말하는 거야. "어, 아빠 왜 울어. 울지마. 내가 아픈 건 원하지 않는 감기가 친구처럼 내 옆에 붙어 있는 거야. 나는 참을 만해. 그렇게 울면서 운전하면 사고 난다." 그러더니 빙그레 웃더라. 이제 대학 생활을 하기 시작한 새내기 우리 딸이 새로운 환경에서 자신의 한계를 부딪쳐 가며 힘들었을 텐데 아빠를 위로했어. '왜 아파 가지고….'

나를 닮아 이쁜 딸,

나를 닮지 않아 똑똑한 딸.

너는 나의 가장 큰 축복이고 선물이야. 아픔에 굴복하지 않고 자신을 사랑하는 멋진 딸로 잘 커 줘서 너무도 고맙다. 사랑한다. 그리고 미안하다.

"하나님 기도합니다. 제 딸아이가 더 아프지 않고 대학 생활을 잘 마칠
수 있게 해 주세요. 씩씩하게 버티고 있는 이 아이를 주님 손에 맡깁니
다. 함께해 주세요. 예수님 이름으로 기도합니다. 아멘."

5.

"다녀오겠습니다."

두근거리는 마음을 감추지 못한 딸의 목소리가 이른 아침 현관문을 나섰다.

첫 출근이다. 재빠른 걸음으로 계단을 내려가는지 타닥타닥 소리가 제법 크게 들린다. 혹여 덤벙거리다 삐끗해서 넘어질까 봐 쫑긋해진 귀로 발걸음을 따라갔다. 아스라이 사라지는 발걸음 소리가 마치 고요한 음악처럼 부드럽다. 나는 하나님이 주신 기적의 발걸음 소리를 듣고 있었다.

집 안이 텅 비었다. 매일 의자에 앉아 그림을 그리던 둘째 딸마저 보이지 않으니 뭔가 허전하다. 항상 큰딸과 남편이 출근하고 나면 둘째는 작은방에서 나는 큰방에서 그림을 그리고 글을 쓰다가 열린 방문 사이로 얼굴을 보며 웃던 날이 많았는데. 집이라는 공간에서 함께했던 시간이 이렇게 조금씩 사라지는가 싶어서 아쉬움이 스며든다.

딸 방에 들어가 삐뚤어진 의자를 바로 놓는다. 두 딸의 분주했던 시간을 보여 주듯 화장품들이 어지럽게 뒤섞여 있고, 그 옆에 사용한 화장 솜이 그대로 놓여 있다. 이게 뭐라고 마음이 뭉클거린다. 오늘만큼은 내 옆에 있는 딸들의 흔적이라며 말없이 치우기 시작한다.

올해는 유난히 습하고 무더웠던 8월의 여름이었다. 80%가 넘는 습도로 열대지방에서 살고 있는 듯했다. 예전엔 쨍하게 무더웠던 여름날에도 그늘에 있거나 바람이 불어오면 상쾌함을 느꼈는데 올여름은 바람마저 더위를 던졌다. 딸의 정기검진을 받기 위해 집을 나서서 몇 발짝 떼지도 않았는데 등에 땀이 주르륵 흘렀다. 이런 여름은 처음이었다.

나는 한동안 둘째의 정기검진을 따라가지 않았다. 해가 거듭될수록 얇아지는 뼈와 커지는 종양을 보기가 어려웠다. 병원을 다녀오면 쉬이 일어나지 못했고 몇 날 며칠을 앓아누웠다. 똑같은 상황이 계속 반복되자 가족은 나에게 귀로 듣는 것만 허락했다.

딸이 어렸을 땐 어린이 암 병동에서 진료를 받았다. 성인이 되면서 본관 암 병동에서 진료받기 시작했는데 딱 한 번 같이 온 적이 있었지만 병원에는 들어가지 않았다. 이번이 처음이었다. 암 병동 문을 열고 들어서는데 순간 위압감으로 잠깐 숨이 멈췄었다. 나는 종종 그해 겨울로 돌아갈 때가 있다.

딸의 주치의는 몇 년 동안 보지 않은 사이에 하얀 가운에 연륜이 묻어났다. 중학생이었던 딸이 성인이 됐으니 그럴 만하다. 내성적인 딸은 선생님과의 어색함이 많이 줄어 있었다.

엑스레이와 딸의 다리를 확인하는 선생님도 이 정도 크기의 종양이면 아플 텐데 무딘 건지 아니면 참을성이 많은 건지 알 수 없다면서 웃는 얼굴에 농담처럼 말을 건넸다. 암흑처럼 무서웠던 진료실에서 웃고 있는 나를 보며 깜짝 놀랐다. 이런 날이 올 줄이야.

처음 희귀병 진단을 받을 때 종양이 다발성으로 생길 수 있다는 말을 들었다. 의사는 고관절에 희귀병이 나타나면 걷지 못할 거라는 말을 했다. 넘어져 부러져서 수술하고 다시 자라는 종양도 무서웠지만 더 겁이 났던 건 뛰는 걸 좋아하는 딸의 걷는 세상마저 빼앗겨 버린다는 거였다. 십여 년이 넘는 세월 동안 우리의 가슴을 옥죄어 오던 거였다. 그랬던 세월이 점점 더 사라지고 있다. 긴 세월이 지나면 종양이 힘을 잃어 갈 거라던 주치의의 말이 우리 앞에 다가오고 있다. 의학도 발달해 수술 과정도 쉬워지면서 말이다.

결코 단순하게 뭉뚱그릴 수 없었던 세월을 견뎠다. 혹 하고 들이닥치는 통증에 괴로워하는 딸을 보며 아무것도 해 줄 수 없어 무수히 많은 시간을 끌어안고 기도했고, 잦아들지 않는 통증에 약해진 딸은 작은 상처에도 염증을 달았다. 순간순간 찾아든 위험 앞에 가슴이 철렁 내려앉을 때가 한두 번이 아니었다.

나는 지금껏 딸이 불평하는 소리를 들어 보지 못했다. 내가 왜 이렇게 살아야 하냐고 원망할 수도 있는데 말이다. 통증이 오면 엄마 아빠를 향해 다리를 내밀며 기도해 달라고 부탁했고, 남편과 내가 사역으로 지쳐 있으면 고양이를 끌어안고 조용히 참아 냈다. 언니에게만 속삭이면서.

진료를 마치고 집으로 돌아오는 길은 딸의 신앙을 들여다보는 시간이었다. 남편과 나는 눈시울을 붉혔다. 계단에서 넘어지거나 물건에 부딪힐 때마다 아픈 부위를 빗나가게 하셨던 하나님이, 뼈가 으스러지지 않게 돌봐 주셨다면서 최고의 사랑과 기적을 받았다고 고백했다.

이런 일들이 기적 중에 기적이라면서.

　우리 딸은 회사에 출근한다. 자신의 한계를 경험해 보겠다면서 사
회로 출발했다. 여전히 종양은 뼛속에 있고 다리는 연약하지만 딸의
고백처럼 세월은 하나님으로 인하여 우리 편이 될 것이고, 우리는 그
세월을 기적으로 일궈 나갈 것이기에 힘이 난다. 딸처럼 아픈 아이들
을 위해 속히 치료제가 개발되길 기도하면서 오늘도 기적 안에서 우리
는 살아간다.

CHAPTER 3

사랑, 그 입김으로
그리다

마지막
사랑이란?

퓨우우, 내뱉어진 숨이 물속으로 가라앉듯 호흡은 꺼져 갔다. 쉼 없는 인생이었던 심장이 멈추며 한 사람의 역사가 사라지려 할 때 구급대원들의 심폐소생술이 시작됐다. 생명을 붙잡기 위한 강한 압박에 갈비뼈는 으스러지고 산 자의 온몸이 땀방울이 되어 갈 때 늙고 병약한 노인의 몸에 미세한 호흡이 돌아왔다.

인공호흡기가 꽂혔다. 노인은 시퍼렇게 멍든 몸을 환자복 속에 감추고 홀로 중환자실에서 가냘프게 삶을 붙잡는다. 창백한 얼굴로 수많은 말을 가슴에 담고 있는 듯한 여인의 모습이다. 의사는 목숨이 얼마 남지 않았다고 여인의 아들에게 말했다.

순간 아들의 시간에도 인공호흡기가 꽂혔다. 내쉬는 숨을 다시 들이쉬기가 어려웠다. 아들의 들숨과 날숨에는 어머니였던 여인의 과거와 현재의 삶이 섞여 들었다. 중환자실 앞에 우두커니 서 있는 아들의 몸에선 무채색의 절망이 흘러내렸다. 미래를 말하지 못하는 죽음. 너무도 가까이 있다고 말하기에 짧은 호흡만이 아들의 심장을 채웠다.

삶이 참 무심하다고 아들은 생각했다. 인공호흡기로 연명하고 있는 어머니를 두고 발길을 되돌려야 했다. 형과 함께 집으로 가는 길. 힘없이 운전하는 형의 뒷모습이 많은 이야기를 했다. 윌리엄 포크너의 『내가 죽어 누워 있을 때』에 나오는 방 안에 누워 죽어 가던 여인의 말로 그 이야기를 대신한다.

죽음을 단순히 몸의 변화라고 생각했었다. 그러나 이제 난 죽음을 마음의 변화로 이해한다. 사별을 견디어야 하는 사람들의 마음에서 일어나는 변화 말이다.

죽음을 기다리는 시간에 인간의 마음에 일어나는 수많은 변화. 어머니를 사랑했지만 평범한 사람이면 누구나 다소간 어머니의 죽음을 바랐던 경험이 있다고 했던 알베르 카뮈. 궁핍한 삶에 밀려드는 돈의 힘 앞에서 나는 아니라고 언제까지 자유로울 수 있을까. 아들의 눈빛이 흐리다.

십자가 불빛 아래에서 아들이 무릎을 꿇는다. 어머니를 위해 기도한다. 오랜 세월 육신의 아픔으로 살았던 어머니를 위해 지금 해야 할 기도는 무엇인지 계속 질문을 던진다.

아들은 천국에 소망을 품고 있을 어머니라 믿었다. 살아오면서 의심한 적 없었던 확신이었다. 그런데 기도가 깊어질수록 어머니의 믿음이 너무도 차갑게 느껴져 소스라치게 놀라고 말았다. 캄캄한 암흑으로 향하는 죽음의 공포와 두려움에 흔들리는 눈동자만이 기도 중에 떠올랐다. 어머니는 어둠 속에서 고통과 함께 생명을 붙잡고 있는 듯했다.

지체할 수 없었다. 서둘러 목포로 향하는 기차표를 끊고 어머니를 지켜 달라고 기도하며 더디게 밝아 오는 아침을 기다렸다. 어머니를 향한 아들의 길에 하나님의 호흡이 내려앉아 어머니의 호흡이 되었다. 뒤로 물러서기만 했던 삶이 죽음 위에 걸터앉아 잠깐의 시간을 허락했다. 어머니의 입에 있던 인공호흡기가 제거되고 아들을 바라보는 눈이 선명하다.

"어머니, 지금부터 제가 하는 말 잘 들으세요. 말하기 어려우면 고개라도 아니면 눈을 깜빡이세요."

눈물을 꾹 참고 심호흡을 깊게 들이마신 아들은 천국 복음을 전하는 목사로 섰다. 시커먼 손으로 심장을 움켜쥐며, 검게 물들고 있는 죽음 앞에 무방비 상태로 떨고 있었던 어머니는, 아들의 강한 목소리에 눈으로 화답하며 잃어버렸던 예수님을 가슴으로 불러들였다.

통증으로 일그러졌던 어머니의 얼굴과 흔들리던 눈동자가 평안을 찾아갔다. 자신이 목사인데 어머니의 믿음에 왜 시선을 두지 못했는지 자책하며 괴로워하던 아들은 하나님 앞에서 온몸의 힘이 빠져 버렸다.

어머니로부터 아들의 발걸음 소리가 멀어진다. 고개조차 돌리지 못하는 어머니의 육신이 아들과 이별 중이다. 어머니라는 이름에서 풀려나와 아들에게 묶여 있던 실타래가 공기 중에 팽팽하다. 부유하던 먼지 하나만 얹어져도 끊어져 버릴 듯한 가녀린 실타래.

"하나님, 마지막 날 되게 해 주세요."

발길을 돌려 문을 나서는 아들의 뒤통수를 향해 으스러진 갈비뼈의 통증을 이기며 어머니가 외쳤다. 간절함으로 부르짖는 기도였다. 어쩌면 마지막 모습이 될지 모르는 아들의 슬픈 눈을 본 어머니는, 죽음의 공포와 어두움을 벗어나 천국을 소망했으니 괴로워하지 말고 목사의 직분을 잘 감당하라고 말하고 있었다. 아들을 향한 어머니의 마지막 사랑이었다.

무명천
흰 수건

몇 살 때였는지 모르겠다. 곡물을 저장해 둔 작은방 벽에서 누렇게 변색한 일기를 본 적 있다. 개발새발 큼직한 글씨체로 재봉틀 옆 엄마의 자리에 벽지처럼 붙어 있었다.

'엄마가 머리에 흰 수건을 두르면 힘들고 가난해 보여요.'

일기장에서 뜯어져 나왔는지 아니면 엄마가 뜯어서 붙여 놨는지 모르지만 세월이 많이 흘렀는데도 여전히 사진처럼 남아 있다. 아마도 엄마의 말을 기억하기 때문일 거다.

어릴 적 흙먼지 묻은 옷을 입고 마당을 뛰어다닐 때면 무명천 흰 수건은 빨랫줄에서 한들거렸다. 이른 아침 논밭을 거닐고 온 아버지의 어깨를 벗어나 빨랫줄에 걸려서 햇살을 받았다. 닳고 닳아 하늘빛을 띤 구멍 난 수건. 하늘과 앵두나무가 숨어들 정도였다.

낡은 무명천 수건은 엄마의 머리카락에도 늘 감싸져 있었다. 뽀글 뽀글한 머리에 까매진 얼굴의 엄마는 머리에 두른 수건을 풀어서 흙먼 지와 가시랭이를 툴툴 털어 냈다. 힘들어 보였던 엄마의 손에도 여지 없이 아버지와 같은 하늘빛 수건이 있었다. 그날 이후 빨랫줄에 무명 천 흰 수건이 나부끼면 가난이 휘날린다고 생각하게 됐다.

일기를 본 엄마는 우리 눈에 잘 보이지 않는 벽면에 붙여 두었던 것 같다. 그러곤 끊임없이 말하기 시작했다.

"헐은 수건을 봄시롱 가난하다 생각도 허는디 고것이 다는 아닝께. 농사지을 땅도 있고, 가족이 모두 다 하나님도 믿고. 긍께로 가난은 작 게 보이고 행복은 겁나게 크게 보이제."

생각해 보면 시골 교회 예배당에서 일주일의 삶을 녹이며 말씀을 듣던 부모의 모습은 언제나 행복해 보였다. 들판에 서서 땀에 젖은 수 건을 어깨에 걸쳤던 아버지와 부엌을 향하며 머릿수건으로 옷가지를 털던 엄마의 기진한 모습은 온데간데없고 기다리는 설렘이 보였다.

부모의 몸에 찰싹 붙어 떨어지지 않았던 낡고 낡은 무명천 흰 수건 은 예배하며 새롭게 시작하는 발걸음에 힘을 잃었다. 하나님을 아는 것

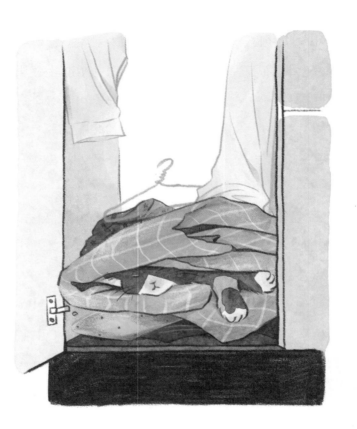

이 가장 큰 행복이라고, 그래서 가난이 힘들지만은 않은 거라고. 부모는 믿고 사랑하며 먼저 걸으면서 세상을 바라보는 시선을 배우게 했다.

불현듯 딸들에게 물었다. 외할머니의 무명천 흰 수건처럼 딸들도 엄마를 보며 무명천 흰 수건이라 생각되는 것이 있냐고. 뜻밖이었다. 질문이 떨어지기 무섭게 대답이 달려왔다.

"엄마 장롱 속 빈 옷걸이가 무명천 흰 수건 같아."

그러면서 덧붙였다.

"엄마도 외할머니 빼박이야."

갑자기 튀어나온 빼박이라는 말과 그 안에 숨겨진 의미가 우리를 웃게 했다.

톨스토이의 소설 『안나 카레니나』의 첫 문장은 이렇게 시작한다. "행복한 가정은 모두 모습이 비슷하고, 불행한 가정은 모두 제각각의 불행을 안고 있다." 가정이 행복해지려면 여러 가지 조건을 갖춰야 하는 것이 모두가 비슷하고, 불행한 가정은 저마다 이유가 다 달라서 조건 중에 하나만 어긋나도 불행하다는 말이다.

작은 교회 사역을 하면서 세상이 말하는 행복의 조건과 동떨어진 삶을 산 것은 분명하다. 개척하며 가난을 만났고 삶이 비탈길처럼 가

파르기만 하다고 생각한 적도 많았으니까. 한 발 한 발 똑바로 걸어가지 않으면 부지불식간에 넘어져 나뒹굴었고, 물질 앞에 작아져서 불행을 안고 살아가기도 했다.

사람의 소리가 사라지면 자연의 소리가 들린다. 작은 생물들의 움직임과 노랫소리가 세상을 가득 채우고 있음을 느낀다. 그 앞에 가만히 서 있어도 하나님의 신비한 세상이 말하는 소리를 들을 수 있다. "너를 창조하고 빚으신 분이 누구니?" 활짝 웃을 수 있어 행복하다.

어릴 적 부모의 무명천 흰 수건은 하나님의 사랑 안에 쌓여 있었다. 내 옷장에 있는 빈 옷걸이도 마찬가지다. 밤하늘에 빛나는 수많은 별이 하루의 감사를 받고 고요 속에 새벽이 하나님을 부르던 날, 하루의 시작과 끝. 부모가 보여 준 삶의 예배처럼 내 삶도 예배로 채운다.

하늘빛 무명천 흰 수건이 빨랫줄에서 바람을 탄다. 장롱 속 빈 옷걸이 밑에는 고양이가 숨어들었다. 지금도 부모의 시간과 나의 시간에 여전히 흘러가고 있는 행복의 조건. '예배할 때 가장 행복합니다.' 세상 사람들의 행복의 조건을 바꾸며 웃는 얼굴로 걸어간다.

붉은 꽃으로
피어나고

여름방학이면 농사일을 하는 부모님과 함께 꼭 해야 하는 일이 있었다. 이른 오전이나 늦은 오후에 찌는 듯한 태양을 피해 쭉쭉 뻗어 있는 벼에 농약 치는 일이다.

친구들과 개울가에서 물장구치며 놀고 싶은데 어린 내 힘이 천하장사보다 세다며 아버지는 비행기를 태웠다. 웃음과 칭찬에 고래 한 마리가 튀어나와 뭉게구름을 툭툭 건드리며 헤엄을 쳤는데 오래 가진 못했다. 농약 줄을 잡기 싫다며 고집이라도 피운 날이면 도끼눈을 뜬 아버지 품으로 비행기는 추락했고 고래도 먼바다로 떠나 버렸다.

긴 세월 동안 자연의 시간에 맞춰 살아온 아버지는 몸의 저장된 시간으로 태양의 휴식 시간을 놓치지 않았고 자연이 귀띔해 준 소리에 부지런함으로 응답했다. 아버지 손은 자연의 것이었다.

동그랗게 감긴 노란 농약 줄과 잘 담아진 농약병들이 경운기에 올라탔다. 농약 물을 담을 큰 고무 대야가 마지막으로 솟구쳐 태양을 덮어 버리면 마루에서 벌떡 일어나 아버지의 손끝을 쳐다봤다.

뜨겁고 찬란한 화살 빛 사이에 시원한 바람을 불러일으킬 소리를 발 동동거리며 기다렸다. 달달달 달달달, 경운기 소리가 들리면 마음이 벌렁거렸다. 지금도 경운기의 뜨거운 맛을 기억한다.

한여름 뙤약볕에서 달궈질 대로 달궈진 경운기에 생각 없이 앉다가 엉덩이에 불 찜질을 여러 번 당했다. 이마와 등줄기에 땀이 줄줄 흐르고 엉덩이를 수없이 들썩거리면서도 경운기 타는 것을 포기하지 않았다.

왜 그랬을까. 생각해 보니 뜨거운 바람 속에 섬진강 물결이 보낸 순간의 시원함을 좋아했다. 은빛 물결과 수양버들의 작은 호흡. 찰나에 느껴진 어렴풋한 8월의 바람 냄새. 한 편의 동화 같던 날이었는데 잊고 살았구나 싶다. 그날의 이야기다.

개울을 가로질러 경운기가 다닐 정도로 겸손하게 만들어 놓은 얕은 길이 있었다. 비가 억수같이 내리면 거센 물결이 사나웠고 물이 빠지면 물장난하기 좋은 장소였다. 축축하게도 더운 여름날이면 아이들의 세상은 이곳 개울가로 이동했다.

흐르는 물빛 속에서 다슬기와 가재를 잡았고, 첨벙거리는 장난질에 물이 희뿌연해졌는데도 물장구를 치며 놀았다. 검게 탄 피부에 태양의 옷을 입은 아이들은 아른거리며 눈부셨다. 농약을 치러 가는 길에 풍경처럼 있는 아이들을 볼 때면 손과 발이 먼저 개울을 향해 달려갔다.

하지만 나는 한여름 더위에 별들처럼 딱딱하게 구워지고, 농부의 발자국 따라 부드럽게 다져진 들판 사이의 길을 걸어야 했다. 개울은 나로부터 도망가면서 체념을 건네줬다. 그랬었는데.

그날 나는 개울을 향해 겨울을 만난 듯 달렸다. 아버지가 다니는 꼬불꼬불한 길 위에 제멋대로 자란 찔레나무 가지를 스치면서 첨벙, 개울물에 뛰어들어 나를 삼키도록 했다. 봄, 여름, 가을, 겨울이 사방으로 퍼졌다가 일순간에 사라지는 장면 같았다.

내가 개울을 향해 달려갈 수 있었던 건 논두렁에 큰아버지 큰엄마가 있었기 때문이다. 우리 논 위에 큰아버지 논이 있었다. 나 대신 농약 줄을 잡아 주셨다.

부랴부랴 검정 고무신 배와 꽃잎 실은 나뭇잎 배를 개울물에 둥둥

띄웠다. 아른거리는 물빛 위에서 내 몸도 흔들흔들. 구름이 터져 비가 왔던 날이 얼마 되지 않아서인지 뱃길이 된 경운기 길은 물길마저 시원했다. 위풍당당한 고무신 배와 연약함에 위태로웠던 나뭇잎 배. 어느새 눈길은 나뭇잎 배에 머물렀고 고무신 배는 아무도 모르게 어디론가 끌려갔다. 고무신 한 짝을 잃어버리고 말았다.

그로 인해 눈물 속에 아버지의 성난 얼굴이 흘러내렸고, 조금 과장하자면 개울물이 불어날 정도로 울어야 했다. 하늘을 보며 "하나님 고무신 한 짝을 잃어버렸어요. 찾게 해 주세요" 하고 울먹였는데, '처음 배를 띄웠던 곳에서 고무신 배를 띄워 보는 게 어떠니?' 마음의 소리가 들렸다.

그렇게 시작되었던 고무신 배와의 짧은 동행. 처음 배를 띄운 그곳에 다다르자 머릿속에서 고무신 분실 사건의 정황이 또렷해졌다. 잘 흘러가던 고무신 배가 급물살에 휩쓸려 일순간에 사라져 버렸을 때 쿵, 하고 내려앉은 심장이 무거워 다리를 휘청거리며 달려갔던 내가 생각나 웃음이 났다.

고무신 배는 바로 그곳에서 완성체 그대로 포개져 바위틈에서 벗어나려고 안간힘을 쓰고 있었다. 물속에서 고무신을 끄집어내며 "하나님 감사합니다"를 외칠 때 그 짜릿했던 순간, 세상은 모두 하나님 거였고 맑고 푸르고 반짝였다.

양손에 고무신 한 짝씩 들고 위풍당당하게 논을 향해 걸었다. 잃어버린 고무신 한 짝을 찾았다며 아버지에게 내밀었을 때 어떤 표정일지 궁금했다. 어깨를 으쓱이며 자랑도 하고 싶었다.

그랬는데 개울가로 달려갈 때 앞서 흔들렸던 찔레나무 가지 말이다. 그건 뱀이었다, 죽은 뱀! 커다란 뱀 한 마리가 흰 뱃가죽에 알록달록한 꽃무늬를 하고는 축 처져서 대롱대롱 매달려 있는 것이 아닌가. 나는 그 자리에 얼어붙은 듯 꼼짝달싹도 못한 채 비명을 질렀다.

어느새 나타난 우리 아버지, 쏜살같은 바람이었다. 언제 왔는지 손을 뻗어 뱀의 꼬리를 잡더니 개울을 향해 힘차게 던져 버렸다. 뱀은 날아가고 맨발의 아버지 발등에는 상처가 생겼다. 붉은 피가 꽃이 되어 피어나고 있었다. 아버지에 대한 내 사랑도 그렇게 붉게 피어났다.

어항 속
코이 물고기처럼

다소 쉰 듯한 음색이 섞였지만 핸드폰에서 들리는 그녀의 목소리는 밝고 경쾌했다. 페이스북에 올린 사진 속 얼굴과 닮은 목소리는 평소에 생각했던 이미지와도 같았다. 서로의 얼굴은 사진으로 봤지만 생각과 느낌을 표현하며 마음에 다가서기는 처음이었다.

우리는 인사를 나눴다. 그녀는 후두염이 생겨서 목소리가 이상한데 원래는 더 맑은 목소리라며 너스레를 떨었다. 다소 어색한 순간을 웃음으로 떨쳐 냈다.

그녀와 나의 여정엔 겹친 부분이 있었다. 그녀는 개척 때부터 한 교회를 섬긴 권사였고 나는 개척 교회 사모였다. 서로의 환경을 충분히 느끼며 공감할 수 있는 관계였다. 그리고 그녀는 내 첫 책의 진정한 독자이기도 했다.

그녀는 내가 어떻게 살아왔는지 그 발자취를 어느 정도 알고 있었다. 그래서인지 서로 속내를 보여 주는 일이 어렵지 않았다. 얇은 조심성마저 자연스럽게 허물어졌다. 어쩔 수 없이 세월에 녹아내린 몸의 말들이 조심스럽게 흘러나왔다. 놀랍게도 그녀의 이야기는 드라마나 영화에서나 있을 법했다.

아무 대꾸도 못하고 그녀의 이야기를 제대로 정확하게 들은 게 맞는지 귀를 의심할 정도여서 그저 입을 벌린 채 마음이 내뱉는 소리만 들어야 했다. 내가 그 상황에 부닥쳤다면 인간의 잔혹함에 터져 버린 분노로 거친 말을 쏟아 냈을 것이다. 누구나 경멸하며 분노하는 게 당연한 일이었다.

그런데 이게 무슨 일인지 이야기가 거듭될수록 무섭고 두려웠던 내 마음이 안정을 찾아갔다. 목소리 따라 전해지는 그녀의 품격 있고 진실한 믿음의 말에 감동하고 있었다. 원망도 체념도 공허도 아닌 살아 낸 감사의 꽉 찬 삶이 내게 전해졌다. 정말 아찔했다.

점선처럼 읽혔던 그녀의 삶이 가느다란 실선으로 연결되더니 인생에 덮여 있는 하나님의 은혜를 보게 했다. 믿음 안에 있는 그녀의 세상은 상상할 수 없을 정도로 크고 넓고 놀라웠다.

통화를 하기 전에 그녀를 떠올리면 올백으로 묶은 머리에 선글라스를 끼고 양껏 멋 낸 옷차림을 한 채 빨간 자동차 앞에서 포즈를 취하며 사진 찍는 모습이 연상됐다. 그녀는 며칠에 한 번 페이스북에 사진을 올렸다. '자유'라는 말이 너무나 잘 어울렸다.

급류처럼 휩쓸리는 시간을 벗어나 개울처럼 졸졸 흐르는 시간. 그 시간의 속도와 자유가 그녀에게 둘러싸여 있는 듯 건강하고 활기차 보였다. 사진을 보는 것만으로도 그녀의 세상으로 빠져드는 것 같았고 그만큼 넓은 세상을 품고 있는 멋스럽고 위풍당당한 모습이었다. 하지만 통화를 하면서 사실 하나를 알게 되었다. 왜 그녀가 서 있던 사진 속 배경이 한결같이 붉은 벽돌로 지어진 그녀의 집 마당이었는지를.

코이라는 물고기가 있다. 성장억제 호르몬 분비가 가능해서 물의 양과 깊이를 체크한 뒤 환경에 맞게 자신의 몸 크기를 맞추는 물고기다. 작은 어항에 넣어 두면 5~8cm밖에 자라지 않지만 커다란 수족관이나 연못에 넣어 두면 15~25cm까지 자라고 강물에 방류하면 90~120cm까지 성장한다고 한다.

"사모님, 제가 왜 빨간 자동차 앞에서 사진 찍는 줄 아세요? 사실 전

마당 안에서 벗어날 수 없어요. 엄마는 3년 전에 치매에 걸리셨지만 지적 장애가 있는 아들과는 27년을 살고 있거든요. 아들의 지능은 한두 살 수준이에요."

그녀는 계속 말을 이어 나갔다.

"제가 정장을 참 좋아해요. 그래서 주일에 예배드리러 갈 때면 설레는 마음으로 정장을 입어요. 페이스북에 올린 사진들은 모두 주일날 예배드리고 나서 마당에서 찍은 사진이에요. 그냥 벗기가 아까워서 사진을 찍기 시작했어요. 빨간 자동차 앞에서 그럴싸하게 자세를 취할 때마다 남편도 저도 많이 웃어요. 그리고 다시 내게 주어진 축복 된 삶으로 돌아와요."

'인생은 가까이에서 보면 비극이고 멀리서 보면 희극'이라고 했던 찰리 채플린의 말이 조금은 빗나간 듯했다. 멀리에서 보든 가까이에서 보든, 그녀의 고백은 하나님으로 희극이었고 진실이었다.

그녀는 자신의 환경에 맞게 몸을 만들어 살아가고 있었다. 어항 속 코이 물고기가 되어 그녀의 마당 안에서 하늘과 바람과 꽃과 나무를 봤다. 절망과 분노로 자신의 감정을 억압하며 살아갈 수밖에 없었던 삶의 조건이었음에도 자연스럽고 자유스럽게 자신의 감정을 분출했다. 하나의 감정에 빠져 몸을 비대하게 만들지 않았고 감정들의 고유

한 색깔로 물들이고 있었다. 살아 있는 그녀의 감정이 만들어 낸 커다란 공간 속에서 인생을 아름답게 남기며 그녀의 빨간 자동차는 매일매일 달리고 있었다.

통화가 끝나갈 무렵에 그녀가 했던 말을 가슴에 새겼다.

"사람들은 제 환경을 보며 불행하다고 할 수 있어요. 말하기도 무서운 상처, 치매 걸린 엄마, 성숙할 수 없는 아들. 그런데요, 사모님. 저는 그 길에서 하나님을 만났어요. 너무 고통스러워서 찾아갔던 예배당에서 하나님의 사람으로 변해 갔어요. 그리고 숨을 쉬었어요. 제 삶의 모든 것은 하나님이 제게 주신 축복입니다."

자신이 원하는 삶의 모습이 뚜렷하지 않으면 주변 환경에 의해 살게 된다고 한다. 그녀는 또렷한 삶의 방향을 잡고 주변 환경을 박차면서 하나님을 원했고 하나님을 선택했다. 그러곤 어항 속 코이 물고기처럼 작은 몸을 만들어 좁은 마당을 넓은 세상으로 바꿔서 자유롭게 헤엄쳤다. 그녀 삶에 덮여 있는 은혜로 웃고 춤을 추면서 말이다.

오늘도 빨간 자동차는 그녀의 마음을 싣고 사진 속으로 달릴 것이다. 고운 마음이 실려 있다는 걸 아는 세상이 그녀 곁으로 나풀나풀 날아드는데 그 누구도 막을 수 없다. 그곳은 그녀가 이룬 하나님의 세상이니까.

손끝으로
짚어 가며

겨우내 아래층 104호는 비어 있었다. 할머니가 돌아가시고 몇 달이 지나지 않아 할아버지도 뒤따라 세상을 떠났다. 그러자 계단을 오르내리며 현관문 여닫는 생활 소음도 사라지고, 유난했던 텔레비전 소리, 손주들이 찾아드는 날이면 쿵쾅거리던 아이들의 움직임도 들리지 않았다. 공기마저 잠잠해지고 적막했다.

가끔 딸이 방문하여 집 안 공기를 순환시키고 쌓인 먼지를 털어 내는 것 같았다. 살아온 삶만큼 더 북적대고 온기가 가득했던 104호는 주인을 잃고 생기 잃은 물건들만 그대로 놓여진 채 차갑게 식어 갔다.

그러던 3월, 봄 햇살이 방 안 가득하던 날에 아래층 현관문이 열어

젖혀지더니 할아버지 할머니의 손때 묻은 흔적들을 하나둘 빼내기 시작했다. 살아온 인생을 기억하는 이 하나 없이 물건은 거침없이 빠져나갔다. 조금은 아련한 얼굴로 딸이 지켜보고 있을 뿐.

손때 묻은 물건에는 이야기가 담겨 있다. 오래 사용한 자동차 키홀더조차 바꾸고 버리는 일이 쉽지 않을 때가 있다. 그 물건에 깃든 나의 시간을 기억하고 존중하고 싶기 때문일 거다. 집 안 정리를 하다가 불쑥 튀어나온 쪽지에 담긴 메모 하나에도 기억의 파편들이 모여지면서 금세 한 페이지의 인생이 우르르 다가오기도 하니까.

한동안 물건을 밖으로 내놓던 104호 딸은 구석구석 쌓인 먼지를 쓸어 내기 시작했다. 물건들이 다 빠져서인지 왠지 낯설다며 마지막으로 이 방 저 방을 천천히 둘러봤다. 그런데 깨끗하게 비워져 아무것도 남아 있지 않은 공간에서 갑자기 그녀의 걸음이 멈추었다. 거실과 화장실 사이 벽면에 삐뚤거리는 선으로 그려진 키재기 눈금 앞이었다. 세 명의 이름이 쓰여 있었는데 아버지의 글씨라면서 내게 말했다.

과거와 현재를 연결해 주었던 그 순간, 그녀 몸에 잇닿은 세월이 흠씬 다가왔는지 키재기 눈금을 쓰다듬으며 울먹였다. 몸에 바싹 붙어 있던 지난 감정이 건드려졌나 보다. 부모와 함께했던 숱한 이야기들이 봇물 되어 터졌다.

그녀는 한동안 그 자리에 머물러 애증을 삼키려 했으나 그러지 못했다. 새 주인이 들어오면 모두 다 지워져 버릴 흔적을 쓰다듬으며 살아생전의 부모, 젊었던 부모, 한없이 어렸던 유년의 자신과 조우하더니 서둘러 이별하고 있었다. 그러곤 상자 하나를 들고 더 이상 여닫을 일 없는 현관문을 벗어났다.

옷깃만 스쳐도 인연이라 한다. 사람과 사람 사이의 관계는 아무리 사소하다고 해도 소중히 여기라는 속뜻이 담겨 있다. 어쩐지 애달픈 104호 딸의 모습을 지켜보면서 아파트 주민으로서 만난 이웃집 몇몇 할머니들 모습이 생각났다. 서로 이름은 알지 못했지만 "할머니"라고 부르며 눈을 쳐다보면 주름진 얼굴로 "왜요 사모님"이라며 장난기 섞인 말투로 응대하면서 웃었었는데.

성도 필요 없는 할머니라는 이름과 누구의 자식이고 몇 살이며 몇 동에 사는지 알 필요 없었던 사모라는 이름으로 인연을 맺어 얼굴로 익힌 사이, 할머니들과 나의 관계였다. 빠르게 흘러가는 할머니의 세월과 아직은 더디게 흘러가는 나의 세월이 오고 가는 길에서 만나 서로의 안부를 물으며 닮은 시간을 만들고 나누었다. 나는 그 안에서 지혜를 얻곤 했다.

예기치 않게 코로나 바이러스가 훑고 지나가면서 환경은 급격하게 변해 갔다. 노인정에 모여 점심을 해 먹던 할머니들도, 계수나무 아래 낡은 평상에서 노닥거리던 할머니들도 보이지 않았다. 간간이 마주치는 일조차 점차 줄어들었다.

이 시간이 지나고 나면 아무 일 없었다는 듯이 다시 노인정과 계수나무 아래 평상에 모여 앉아 이야기를 나눌 거라 여겼다. 한 계절이 가면 한 계절이 다시 찾아오듯이 말이다. 하지만 공간과 사물에 스며든 시간에는 삶만 있지는 않았다.

우리 모두 일상으로 돌아왔지만, 얼굴로 익혔던 할머니들이 보이지 않았다. 그이름교회 사모가 무슨 돈이 있어서 이런 걸 사 왔냐며 손잡아 주던 할머니, 고양이에게 생선을 던져 주던 할머니, 그런 할머니에게 사람에게나 잘 하라며 핀잔하던 할머니 등 내가 기억하는 여러 할머니 얼굴이 보이지 않았다.

지금도 남편과 함께 자주 찾는 야생화 꽃밭 할머니는 간간이 모습이 보여 내심 안도하기도 하지만 문득문득 기도하게 된다. 베란다 창문 너머로 보이는 할머니 집이 오래도록 캄캄할 때가 많았고, 손 맵시 있게 돌보던 꽃밭의 야생화도 예전 같지 않았다. 할머니 머리숱만큼 듬성듬성해지고 있었다.

"이야기 동무들은 여전하시지요?"

우연히 마주친 야생화 할머니에게 물었다. 동네 한 바퀴를 돌던 할머니는 잠시 멈춰 서서 한 사람 한 사람 특징을 설명하며 어르신들의 근황을 전해 주었다. 키 크고 이가 다 빠졌던 할머니는 요양원으로 들어가고, 빼빼 마르고 키 작은 할머니, 무릎 관절이 아팠던 할머니, 당뇨가 심한 할머니는 하루하루 힘들어하더니 죽음을 향해 걸어갔다고 전했다. 나도 머지않았다는 야생화 할머니의 얼굴에 희비가 교차했다.

지금도 어슴푸레하게나마 할머니들의 얼굴을 기억한다. 세월이 더 흐르면 할머니들과 나 사이에 있었던 시간은 손끝으로 지나가 버린 바람처럼 잊혀질 것이다. 우리에겐 남아 있는 것들이 아무것도 없으니.

104호 딸이 마지막으로 현관문을 여닫던 순간에 가슴에 품고 갔던 누런 상자가 생각난다. 그녀가 학창 시절이었을 때 할머니가 자린고비 할아버지 몰래 백화점에서 샀던 찻잔 세트라고 했다. 세월이 켜켜이 쌓여 있던 아주 오래된 물건이었다.

딸이 상자 뚜껑을 열었을 때 할머니의 찻잔은 찻물이 배어 낡아 있었지만, 할아버지 찻잔은 여전히 종이에 감싸져 있었다. 할머니는 남편과 함께 차를 마시지 못했던 것 같았다. 부모의 살아온 삶의 여정이 고스란히 찻잔 속에 고여 있었다.

딸은 찻잔을 버리지 못하고 품에 안고 떠나갔다. 어느 날엔가 그 시간을 손에 머금고 추억을 되새기고 싶어서일 거다. 엄마의 시간, 아버지의 시간, 자신의 시간을 손끝으로 짚어 가며 천천히 만져 보면서 지워지지 않는 기억 속으로 다시 담아 두려고. 낡은 물건의 흔적에는 살아온 인생이 새겨져 있다.

바람 소리도
하나님 세상

거울도 늙는구나 싶다. 녹슨 손거울 하나, 어느새 가장자리에 얼룩이 번졌다. 언젠가 여름밤을 수놓은 별들 아래 모깃불 피워 놓고 멀고 가깝게 들리는 개구리 울음소리를 정겨워 하며 도란도란 이야기 하던 날, 친구가 건네준 손거울이었다.

에델바이스가 예쁘다며 여행 다녀온 친구의 선물이라고 기억되는데, 친구 이름은 가물거리고 그날의 소리와 함께 풍경이 아른거린다. 사진들 사이에 뭉툭하게 끼어 있던 손거울을 발견한 것이다.

조심스럽게 서로 붙어 있는 사진과 거울을 떼어 냈다. 오랫동안 달라붙어 있었는지 서로의 흔적을 조금씩 가져갔다. 거울 속 세상으로 불쑥 들어가면 압축된 수많은 세월이 펼쳐질 것 같은 상상을 잠깐 했다. 인생의 순간들이 쌓인 것을 다시 들여다보면 어떤 느낌일까? 동행하는 이들과 흐르는 시간의 여행 자리가 있음이 감사였다는 생각을 하지 않을까?

키 크고 삐삐 마른 체형에 둥근 머리를 한 소녀가 있었다. 고등학교 입학 후 낯선 교실에서 친구 찾기를 할 때 눈에 들어왔다. 언뜻 보아도 낯가림이 있어 보였는데 그 모습이 마음에 끌렸다. 한동안 지켜보다가 큰소리를 치며 다가갔다.

"야! 너 나랑 친구 하자."

친구는 수줍게 웃으며 "그래"라고 했다. 그 순간이었다. 때로는 느슨하게 또는 팽팽하게 서로를 보며 걸어갈 여정의 시작점이 된 것이.

친구는 졸업식 때 큐빅이 박혀 있는 리본 모양의 브로치를 내밀며 나를 안았다. 울먹이는 목소리로 꼭 연락할 거라고 속삭였는데, 졸업과 동시에 공백은 찾아들었고 훌쩍 시간이 흘러 결혼할 나이가 되어 버렸다.

결혼 날짜가 다가올 때 친구가 나를 찾아왔다. 흐르지 않는 세월 속에서 여전히 둥근 머리 소녀였는데, 마음이 관계를 유지시켰다. 웨딩

앨범을 열어 보면 펑퍼짐한 멜빵바지를 입고 살짝 배가 나온 그 친구
와 함께 찍은 사진 한 장이 있었다.

결혼식 전 야외 촬영에 함께한 그 친구는 임신한 몸이었다. 사진을
볼 때마다 나도 모르게 "가시나" 하며 웃는다. 생각보다 말이 먼저 튀
어나오는 이 말은 학창 시절의 추억인지 마냥 즐겁기만 하다.

우린 안산에 살면서 동갑내기 두 딸을 낳은 엄마들이었다. 아이들
과 함께 소풍처럼 웃으며 즐거운 하루를 함께했다. 남편의 사역지가
옮겨지면서 헤어지기도 했다.

　날마다 수화기 너머로 들렸던 친구 목소리를 가까이에서 듣게 된 것은 뜻밖이었다. 그이름교회를 개척한 지 6개월 만에 우리 동네로 이사 온 친구, 20년을 동행한 내 친구 공성심이었다.

　그 친구가 작년 가을에 허리 수술을 했다. 수술 전날 어둑한 불빛 속에서 한 손을 허리에 받치고 기도하던 뒷모습이 생각난다. 십자가 불빛 앞에 친구를 포개며 "하나님, 살펴 주세요" 하고 간절함을 드렸는데. 눈물과 함께 쌓인 날들이 삶의 자리에서 사진이 되어 버린 날이었다. 우리가 이미 아는 것처럼 모든 풍경이 사진이 되는 건 아니었다.

뮤지컬 〈빈센트 반 고흐〉에서 빈센트 반 고흐와 테오 반 고흐가 주고받는 대사가 있다.

"테오야, 요즘은 코발트색이 참 좋아. 색채들이 나에게 사랑을 속삭이는 것 같다."
"형! 이게 바로 형이야. 빛나는 눈, 생기 있는 입술, 천연덕스러운 웃음."
"테오야, 들어 봐. 색채들이 말을 걸어. 난 그걸 듣고 잽싸게 그려 내지. 그러면 캔버스가 살아 숨 쉬듯 요동치고 내 손끝도 같이 떨려 오지…."

살아생전 자신의 작품을 한 점밖에 팔지 못했던 빈센트 반 고흐. 그의 처절하고 가난했던 삶에는 동생 테오의 정신적 물질적인 사랑과 후원이 있었다. 그렇기에 그림을 그릴 수 있었다.

요즘 들어 친구가 더 고맙다. 나의 첫 책에 '스치는 바람 소리도 하나님의 세상이다'라고 썼는데 그 시선 속엔 친구가 있었다. 친구가 성도가 된 순간부터 사모님이라 부르며 말을 높이더니 또 하나의 손이 되어 묵직하게 교회 구석구석을 살폈다. 스스로 질서를 세우며 한 번도 무너뜨리지 않았고 가난한 사모인 내가 음악을 잊지 않도록 한결같은 헌신과 사랑을 주었다.

내 친구는 테오였다. 나를 사모로 살게 하며 늦은 나이에 작가가 될 수 있도록 옆에 있어 줬다. "살아가면서 가장 아름다운 일은 누구의 배경이 되어 주는 것이다. 별을 빛나게 하는 까만 하늘처럼, 꽃을 돋보이게 하는 무딘 땅처럼"이라고 한 안도현 시인의 마음처럼.

"성심아! 나도 배경이 되어 줄게. 아픈 허리 부여잡고 살아갈 삶이어도 너와 나의 배경을 덮으시는 하나님의 배경 아래서 우리 활짝 웃자. 너로 인해 내가 사모로 산다. 고맙고 사랑한다."

CHAPTER 4

우리, 딱 남들만큼
특별해요

TO 나의 작가님,
FROM 당신의 독자가

　모든 소리를 크게 듣고 스트레스를 받는 증상을 '청각과민증'이라 한다. 주파수 대역의 모든 소리를 과도할 만큼 크게 인식하는 것이 특징이다. 청각과민증까지는 아니지만 내게도 유독 예민하게 반응하는 소리가 있다.

　고요한 밤에 째깍째깍 움직이는 시곗바늘 소리와 오래된 냉장고에서 들리는 모터 소리. 유난히 이런 소리를 쉽게 넘어가지 못한다. 신경에 거슬리게 되면 귀가 먹먹해지면서 아프다가 이명이 들리고 머리에 어지럼증까지 온다. 몸의 컨디션 따라 소리가 반응해서 다행이긴 하지만 잠자리에 들 시간에 모터 소리에 꽂히면 무척 곤혹스럽다.

벌써 몇 달째 아니 일 년이 다 되어 가는 듯하다. 요즘 들어 부쩍 더 낡은 냉장고와 신경전을 벌이고 있다. 낮에는 백색 소음에 가려 그런 대로 잘 지내다가 고요한 밤이 되면 내 귀는 온통 냉장고 모터 소리를 쫓아다닌다.

요번엔 예민함이 더 심하다. 며칠 전 자려고 침대에 누웠는데 벽을 타고 전해지는 미세한 진동을 느꼈다. 부엌에서 냉장고가 윙윙거리면 귀를 맞대고 있는 벽에서도 소리가 들렸다. 귀 기울이지 않으면 그냥 지나칠 소리인데 순식간에 강하게 인식되어 내 귀를 괴롭혔다.

밤이면 극도로 고요했다가 극도로 시끄러웠다. 나의 아침은 움푹 팬 주름, 볼록한 물주머니, 푹 들어간 눈이 맞이했다. 딸들의 말을 빌리자면 백만 년 아픈 몰골이었다. 부스스한 얼굴로 남편과 딸들이 출근하는 것을 보고 집 안을 치울 힘도 없어 책장 옆 창문 아래에서 햇볕을 쬐는 고양이 옆으로 다가갔다.

책과 고양이가 있는 공간. 언제 봐도 낭만이지 않은가. 정신을 깨우면서 습관처럼 책장을 둘러보다 제목에 끌린 책을 꺼내어 스르륵 훑어 봤다.

사랑초 구근 몇 개를 화분에 심었는데 오래도록 기척이 보이지 않아 마음을 접었더니 여행을 다녀온 사이 싹을 틔우다 못해 좁은 화분을 깨트릴 기세로 수북이 자라 있었다. 아무도 모르는 사이, 거의 모든 일은 일어난다.

이병률 작가의 『내 옆에 있는 사람』여행산문집이었다. 순간 엉뚱한 생각을 했다. '문득' 가을이 오고 '문득' 겨울이 오는데 그 시간의 생김새가 '문득'이라는 부사로는 가늠할 수 없어 시간을 생각하고 시간을 붙들고 싶은 것인지도 모르겠다며 사유의 깊이를 드러내고 있는 책이었다.

나는 알라딘의 요술램프 지니가 아무도 모르는 사이에 새 냉장고를 떨궈 놓고 갔으면 하는 상상을 했다. 세월에 사라지지 않고 곁에 있는 동심이라 우기며 나를 향해 웃었다. 의외로 이 상황은 즐거웠다. 동심의 마음은 얼마간의 예민함을 떨쳐 버리게 하면서 활력을 줬고 괴성을 질러 대던 냉장고 소리를 저만치 밀어내게 했다.

부드러운 고양이 털을 매만지며 햇볕을 빌려 읽던 책을 내려놨다. 반나절이 훌쩍 지나서야 창문을 열어젖히고 청소를 하기 시작했다. 여름이 오고 있어 햇볕이 더 따뜻했다.

오늘도 큰딸은 야근이라며 출근했다. 벌써 며칠째 새벽에 들어온다. 공부만 하던 딸이 신학대학원을 중퇴하고 영상을 공부하면서 전혀 다른 길의 첫 직장을 가지게 됐다. 신학교 교수가 되어 학생들을 가르치는 딸의 모습을 상상해 봤어도 회사에 출근하여 새벽 늦게 들어오는 딸은 생각해 본 적이 없었는데 꿋꿋하게 길을 내고 있었다.

다행히 타인과의 공감과 소통 능력이 타고난 딸은 동료와 상사에게 인정받으며 적응을 잘하고 있었다. 인천에서 서울 강남까지 왕복 네 시간의 출퇴근 거리를 견뎌 내며 사회 초년생의 길을 시작했다. 딸의 하루가 잊히지 않는 이야기로 가득했으면 하는 바람이다. 하루하루 그 날들이 쌓이다 보면 오늘을 살게 하는 힘도 많아질 테니까.

게으름을 피운 하루에 어리광을 넣고 동심 한 가닥을 싣다 보니 하루가 가 버렸다. 벌써 새벽 한 시를 훌쩍 넘어섰다. 가로등 불빛도 잠들고 어둑함이 짙게 찾아들었다. 간간이 켜져 있는 집들의 불빛이 새벽길 걷는 이들과 함께하는 시간, 야근하고 오는 딸을 위해 집 안에 모든 불을 켜고 창문의 커튼도 젖혀 놓고 기다렸다. 냉장고 모터 소리도 잠들지 않고 있었다.

우리 가족이 살고 있는 집은 조금 외진 곳이라 늦은 귀갓길은 늘 염려스러웠다. 딸은 회사와 계약한 택시를 타고 오니 염려치 말라지만

길목에 서 있는 남편이 딸의 모습을 보고서야 떨쳐 버릴 수 있는 불안이고 염려였다.

며칠째 야근이었던 딸은 현관문을 열고 들어오더니 그대로 거실에 누워 버렸다. 신호등이 지켜 주지 않는 길 위에 택시는 거침이 없어서 딸의 속을 울렁거리게 했다. 새벽은 깊어질 대로 깊어져 불빛도 사라져 버렸다. 어둠은 우리 집만 바라보고 있었다.

지친 청춘이 힘을 내어 하루의 피로를 씻어 내더니 내게 돌아왔다. 조금 전까지는 다 쓰러져 가는 얼굴이었는데 왠지 모르게 웃음기가 얼굴에 묻어 있었다. 손을 허리춤에 감춘 채 다가오더니 슬그머니 내밀며 내 앞에 앉는다.

"엄마, 첫 직장에 출근한 지 딱 일 년이 됐어. 선물이야."

한눈에 알아볼 수 있게 투명한 봉투에 넣은 지폐와 마끈으로 곱게 묶인 빈티지 편지지를 함께 내밀었다. 정성스러웠다. 섬섬옥수(纖纖玉手)가 따로 없었다.

딸은 별다른 말을 하지 않았다. 놀란 내 얼굴에 씽긋씽긋 웃더니 출근하려면 자야 한다면서 제 방으로 가 버렸다. 딸의 향기가 마음에 배어 감정이 너울댄다.

눈물 젖은 눈으로 마끈을 풀고 편지지를 열었다. 사사삭, 나뭇잎 스치는 소리가 들린다. 포근하게 접혀 있던 딸의 마음을 두근거리며 펼쳤더니, 빠른 세상에서 느리게 가는 낭만을 엄마가 좋아할 것 같아서 현금과 손 편지를 택했다면서 '냉장고 값'이라고 적혀 있었다.

아침에 요술램프 지니가 몰래 냉장고를 놓고 갔으면 하는 엉뚱한 생각에 웃었는데 딸이 램프의 요정이 될 줄이야. 감사와 미안함이 교차했다. 형체도 없이 공중에 떠다니며 사고파는 모든 것들이 해결되는 디지털 세상에서 굳이 현금 인출기로 출금하고 있는 딸의 모습이 아른 거린다. 번거로웠을 텐데 왜 이렇게 했는지 편지를 읽으며 잘 알 수 있었다.

당황할 엄마 얼굴에 스며들 촉촉한 행복에 뿌듯함을 느껴 보고 싶기도 했지만 더 큰 이유가 있었다. 궁핍했던 흔적이 지워지고 채워지는 느낌을 만지게 해 주고 싶었던 거다. 금방 사라져 버릴 돈이 아닌 완전한 냉장고 값이라고 하면서.

손 편지의 낭만과 지금껏 살아온 딸의 시선이 가져다준 현금을 매만졌다. 그리고 딸이 편지지에 곱게 써 내려가며 정말 전하고 싶었던 마지막 메시지를 읽었다. 'TO 나의 작가님, FROM 당신의 독자가.' 또 다시 딸의 향기가 가슴에 배였다. 주눅 든 냉장고 소리 따라 깊고 고요한 새벽이 지나간다.

끊어지지 않는
밑줄 하나 🍀

눈이 먼저 웃는 아이가 있었다. 이불을 가슴팍까지 끌어당기며 웅크린 듯하더니, 선잠 깬 눈으로 부모의 하루를 본다. 작은 부엌에서 들리는 달그락거리는 소리와 구수한 밥 냄새가 방 안으로 들어왔다. 아이는 이른 새벽 밥 냄새를 맡으며 다시 잠이 들었다.

그 시간이면 초승달이 보였다. 서두르는 하루를 살았지만 늦은 저녁에 집으로 돌아온 부모의 모습에는 오늘의 가난이 함께 들어왔다. 어느 날인가 그 가난은 쌓이고 쌓여 내일이면 사라질 가난이라 하지 않았다. 한결같았던 가난이었다.

책가방을 메고 학교에 가는 친구들을 보며 책보자기를 어깨에 메고 다

너야 했던 아이였다. 어렵게 구한 책가방은 하필 빨간색이었고 공주 그림이 그려져 있었다. 빨간색 가방을 메고 걸어가는 아이를 보며 친구들은 수군거리거나 낄낄거렸다.

『마음에 길을 내는 하루』의 한 대목이다. 남편의 지난날엔 가난을 등에 업었던 아픔들이 꽤 많다. 그날의 이야기는 기억의 오류가 있을지 모르지만, 이런저런 열등감에 회피하고 싶었던 일들이 밖으로 튀어나오면 부모에게 들었던 말의 기억들로 인해 신경질적이고 예민해졌다. 가녀린 초승달이 양날이 박힌 무기로 변해 버렸다.

남편과 어린 시절을 이야기하다 보면 혼자 신나게 떠들 때가 많다. 세월에 희석된 부모와의 추억은 그 자체만으로도 삶을 이어 가는 느낌이어서 내겐 희로애락에 상관없이 즐거운 일이다. 웃음기 가득 찬 얼굴로 수많은 이야기를 끄집어내는 나를 보던 남편의 눈빛과 쓸쓸하게 내뱉던 말이 생각난다.

"우리 부모님은 왜 함께한 추억을 남겨 주지 않았을까?"

남편이 가끔 부모님에 대해 이야기하는 걸 들어 보면 가난을 대하는 태도에 여유가 없어 보였다. 가난은 궁핍한 상태가 아니라 더 많은 것을 가지려는 갈망에 잠식된 상태라는 말처럼 부모님의 가난도 갈망에 잠식되어 있었다. 그리고 어린 나이에 결혼하고 자식을 뒤서인지 두 분의 시간을 자식들과 함께하는 시간보다 더 중요하게 생각했다.

결혼하고 아이를 낳아 키워 보니 양육은 부모가 전달하는 메시지보다 자녀가 수용하는 메시지가 더 중요했다. 부모가 사랑으로 존중하며 기대하면 자녀는 부모의 지지 속에 자부심 있는 아이로 자라며 많은 걸 수용하는 것이 눈에 보였다.

이 모든 과정은 가족이 함께하는 시간에 이루어졌다. 물론 남편과 나도 실수가 잦았다. 우리의 이기심이 엄격한 사랑으로 둔갑해 아이를 향해 요구할 때도 많았으니까. 다행스럽게 사랑에는 이기심 따위가 없다는 걸 신앙의 힘으로 배우면서 가난에 흔들린 날도 기도의 자리에서 다시 회복할 수 있었다.

따뜻한 정서를 물려받지 못한 남편이었다. 가난에 갇혀 버린 부모의 생각은 어떠한 요구도 받아들여지지 않는 환경을 만들었고 감정은 엄격하게 통제당해 내비칠 수 없었다.

내면이 불안정한 아이로 자라게 된 남편은 사춘기에 접어들면서 거칠고 메마른 삶으로 방향이 틀어졌다. 행실이 좋지 않은 친구들과 어울려 가출을 일삼으며 부모의 마음을 다치게 하는 행동을 가감 없이 했다. 가면을 쓴 여린 마음은 거칠게 반항했다.

참 이상한 게 그렇게 살았음에도 주일예배는 빠지지 않았다고 한다. 몸과 마음은 뾰족하고 삐뚤어졌는데도 하나님의 품은 벗어나고 싶지 않았다던 남편. 무화과나무 아래서 햇살과 바람으로 베였던 마음을 치유하셨던 하나님이, 끊어지지 않는 밑줄을 두툼하게 그으시며 함께 걸어오셨던 거였다. 굴곡 많은 인생길에 하나님께 밑줄 그어진 사람, 내 남편이었다.

며칠 전에 남편이 세면대에서 소리 없이 울고 있는 모습을 봤다. 들썩거리는 어깨와 북받쳐 오르는 감정을 물로 씻어 내리며 억누르고 있었다. 사랑이 사람을 살아가게끔 하고 제각기 겪는 사소한 사건들로 이뤄진 것이 삶일 텐데 그 어느 시점의 자신을 만나 울고 있는지 나로서는 알 수 없는 울음이었다. 화장실 문 앞에 서서 가만히 남편을 쳐다봤다. 시뻘게진 눈으로 나를 한 번 보더니 눈물을 훔치고 다가와 나를 꼭 껴안았다.

남편은 우연히 80년대 삶을 그린 드라마를 보게 됐다고 한다. 아빠에게 초등학교 졸업 선물로 받은 전자 손목시계를 손에 쥐고 아이가 행복해하며 폴짝폴짝 뛰어오르는 장면이었다.

운동회 날 체육복이 없어 입지 못했고 수학여행도 가지 못했던 아이, 펑퍼짐하고 허름한 옷을 물려 입었던 아이, 초등학교 졸업 선물로 전자 손목시계를 받으며 무섭도록 단호한 아버지의 말을 들었던 아이였다.

"형은 집안을 일으켜야 하니 고등학교에 다녀야 하고 여동생은 초등학생이다. 집안 형편이 어려우니 너는 중학교를 갈 수 없다."

내면의 상처가 많은 그 아이일까 싶었다. 반짝반짝 빛나던 손목시계를 쥐어 잡고 서럽게 울며 마음을 아파했던 소년 김영춘 말이다. 아니었다. 눈물 씻어 내린 젖은 얼굴에 또다시 흐르는 눈물을 보이며 나를 보던 남편은 초등학교 6학년 여름방학 때 무화과나무 아래서 목사가 되겠다고 서원했던 그 아이였다.

무화과나무와 뜨겁게 내리쬐던 햇볕은 아이의 말을 담은 증인이 되었고, 하나님은 웃으셨다. 그날처럼…. 하나님은 또 웃으셨다.

"나를 샬롬으로 이끌어 주신 하나님 사랑합니다."

남편 입술에서 눈물의 고백이 흘러나왔다.

행복은
낡은 성경책에서

침대에 앉아 묵직한 책의 행간을 꾹꾹 누른다. 눈은 옛것 속에 갇혀 있고 손가락만이 글을 읽는다. 구부정한 할머니의 허리는 아무런 미동도 없다.

"거 누구요. 누가 자꾸 내 방에 들어오는 거지?"

안경 너머 치켜뜬 눈이 주름진 세월을 당겼다. 불만 섞인 소리다.

"할머니! 저희 엄마 뵈러 왔어요."

문밖의 세상이 할머니를 깨웠을까, 깊고 깊은 눈이 고개를 들었다. 멈춰 버린 기억의 시간은 짧았다.

"제가 실수했나 봐요. 미안해요."

연약한 음성에 부끄러움이 섞였다.

"실수하지 않으셨어요. 할머니 방에 제가 들어온 거예요."

"그렇게 말해 주니 고맙네요. 내가 요양원에 들어온 지 얼마 되지 않았는데 치매가 있어서 자꾸 깜박깜박해요."

할머니는 손끝에 머무른 낡은 성경책에 다시 눈이 갔다.

사부작거리며 옷가지를 개고 있는 할머니와 딸의 목소리에도 반응하지 않는 엄마 방에 어느 날 할머니 한 분이 더 입소했다. 한 권의 성경책을 가슴에 품고 왔다. 깨끗하게 정리된 빈 침대 위에 살아갈 인생을 맡겨야 할 할머니.

치매가 갉아먹어 잊혀질 인생을 손때 묻은 성경책에 밀어 넣고 남아 있는 나날들을 다시 채우려는 듯 늘 손에 성경책을 붙잡았다.

"할머니, 오늘도 성경책 읽으시네요. 참 고우세요."

할머니는 미소를 지었다.

"저기 내가 갑자기 궁금해서 그러는데 뭐 하나 물어봐도 될까요?"

"예, 할머니 물어보세요."

"내가 치매일 때 어떤 모습인지 본 적 있을까요?"

"언제나 정갈한 모습으로 성경책을 읽고 계셨어요."

할머니의 얼굴이 밝았다.

그날 이후 엄마와 할머니의 방에 행복이 조금씩 세어졌다. 암울한 색조가 생각을 잡아먹어 바람 한 줄기가 가슴을 훑고 갈 때도, 들에 핀 국화와 코스모스를 떠올리며 수줍게 웃을 때도, 할머니의 행복은 낡은 성경책에서 피어났다. 그 행복 안에 엄마의 하루도 있었다.

생각해 보면 행복해서 삶이 소중한 것은 아니었다. 삶이 소중한 것을 알았고 그 삶을 이끄시는 하나님을 사모했기에 지금, 이 순간이 행복했다. 짧은 길을 긴 시간 들여서 걸어가는 자는 많은 것을 보려 하지 않는다. 그 길에 놓여 있는 작고 연약한 것들까지 깊고 세심하게 보며 행복을 느낀다. 자신의 처한 상황과 형편이 어떠하든 눈앞에 걸어가야 할 길이 남아 있음에 감사하게 되는 마음. 그것은 자기 몫을 세어가는 삶이 아닐까.

엄마의 방은 소리조차 메마른 방이었다. 공허한 시선은 날개를 달았고 점점 더 단순해지는 생각들이 알 수 없는 세계로 침잠시켰다. 그랬던 날에 소리를 가진 할머니가 엄마 옆에 왔다. 짐이라곤 조그만 3단 서랍장에 얇은 옷 몇 가지가 전부였다. 추운 겨울날 휘몰아치는 눈밭 위를 걸어가야 할 두꺼운 외투는 없었다. 계절 따라 옷을 바꿔 입을 할머니의 세상이 이제 없다는 듯이 3단 서랍장은 다 채워지지 않았다.

엄마의 서랍장처럼 너무 가벼워서 서랍 문을 열 때마다 덜컹거렸는데 할머니는 그 위를 낡은 성경책으로 꾹 눌렀다. 우리가 부여잡고 있는 것들에 더 이상 미련이 없어 보이는 엄마와 할머니의 모습이다.

할머니의 성경 읽는 소리가 들린다. 엄마는 반쯤 감겨 있는 눈으로 힘없이 나를 봤다. 자신을 꼭 닮은 딸의 얼굴을 보던 엄마가 뜻밖의 말을 했다. 생각지 못했는데 희미한 삶 하나가 엄마를 찾아왔다. 흔들리는 손끝에 가녀린 생명을 붙잡고 살아 내고 있는 엄마라고 여겼는데, 붙잡지 못한 기억이 믿음조차 가져가 버린 줄 알았는데…. 몸에 뺐던 삶이 하나님을 만나게 했다.

할머니가 성경을 읽는 소리 따라 예배당 바닥에 방석을 내려놓는 여인이 엄마 눈앞에 나타났다. 방석 위에 무릎을 꿇고 거친 손을 모으며 기도하는 여인. 엄마는 감고 있던 눈을 뜨며 짧고 깊은 고백을 했다.

"진희야…. 엄마는 하나님을 믿는다."

모네의 빛을
덧칠하다

어린 시절 추운 겨울을 지나 따뜻한 봄이 되면 마루에 올라온 아침 햇살 따라 먼지 묻은 마루를 닦았다. 엄마가 시켜서 할 때가 더 많았던 것 같은데 오늘처럼 햇살이 부르던 날에는 기분이 좋아서다. 낡아서 상처 많은 마루에 물기 묻은 걸레가 지나가면 봄날이 내려앉은 기분이었다. 따뜻한 냄새가 난다며 웃었다.

시골집은 대나무 숲에 둘러싸여 있었다. 푸른 바람에 댓잎 부딪치는 사라락 소리는 계절을 말하는 음악이었다. 대나무 숲에 들어가 빼꼼히 얼굴 내민 죽순을 쓰다듬었고 순식간에 내 키보다 더 커 버린 죽순 때문에 울었던 기억도 있다.

어린 나를 기억하다 보니 피식 웃음이 나온다. 어쩌면 어린 시절이 행복했던 이유가 모르는 것이 너무 많아 엉뚱하게 생각하며 울고 웃었기 때문인지도 모르겠다. 자연의 시계 앞에 게으름을 피워도 든든한 지원군 부모가 있어 무서울 것이 없었으니까. 아무래도 오늘은 바람이 멀리서 햇살을 실어 왔나 보다. 산들바람 불어오던 마루 위 햇살로 자꾸만 데려간다.

기력이 쇠하여지고 머리가 희어지기 전, 부모는 학교를 마치고 집에 오는 딸자식을 두고 내기를 했다. 삐걱대는 나무 대문이 열리면 딸이 누구를 부르며 들어올 것인가를.

부모는 대문을 사이에 놓고 아버지는 왼쪽 헛간 건초 더미에, 엄마는 오른쪽 창고 문을 살짝 열어 놓고 몸을 숨겼다. 딸의 목소리가 채워 줄 빈 공간을 넓게 두고 숨바꼭질을 했다. 바람 담은 설렘은 대문을 향해 쫑긋한 귀로 변신했고 대문 열리는 소리에 웃음을 참은 부모는 잔뜩 웅크렸다.

확신에 찬 마음에 잔뜩 들떠 있는 엄마, 혹시나 하는 일말의 기대감을 가진 아버지는 숨죽여 가며 딸의 목소리를 기다리는데 그날따라 헛간과 창고 앞을 지나가는 딸의 발자국 소리가 유난히 작다. 요란스러

위야 할 마당이 속절없이 고요하다. 딸의 발소리를 햇빛과 바람이 품었다는 것을 알아차린 엄마는 부스럭거리며 마당으로 걸어 나왔다.

"니는 일주일 만에 집에 옴시롬 엄마도 안 부르고 들어온다냐 잉!"

방문을 향하여 엄마는 외쳤다. 그 소리에 아버지도 건초 더미에서 내려왔다. 눈이 휘둥그레진 딸이 방문을 열고 부모를 쳐다봤다.

"아야, 도둑고양이 새끼마냥 소리 없이 들어가 뿌냐. 엄마, 하고 부를 것이제."

서운함이 또다시 마당을 채우는데 무슨 이유인지 아버지는 껄껄껄 웃는다.

땀과 흙으로 찌들어진 옷을 입고 곰비임비 쌓이는 삶으로 농사를 지으셨던 부모님. 자식의 귀가 시간에 맞춰 여유를 보였던 모습은 넉넉한 즐거움이었다. 그래서인지 토요일마다 대문을 열고 집에 들어서면 보고팠던 마음에 행복이 그려졌다.

마루와 창호지 문을 가진 집은 빛의 변화에 따라 색과 형태가 달라 보였고 사실과 상상 속을 헤매게 했다. 클로드 모네가 사랑했던 빛은 참 멋지게 우리 집에 머물러 있었다. 마루에 걸터앉아 대문 밖 풍경을 내다볼 때면 시간의 변화만큼 시골의 모습이 다채롭다는 생각을 곧잘 했다. 모네의 인생 주제였던 빛은 우리 집 골목길 건초 더미 위에서도

빛났다. 똑같은 풍경을 보며 흘러가는 시간 속에 같은 것이 없음을 깨달았던 모녀. 해 질 녘 풍경이 주는 바람의 냄새와 함께 자주 찾아 들곤 했다. 그리움이 머물 수밖에 없었다.

나는 지금 엄마처럼 세탁기 뒤에 숨어 있다. 딸은 나의 유희에 적극적으로 참여할 기세다. 가방을 내려놓으며 "또 숨었구면" 하더니 크게 웃어 준다.

세월이 언제 이만큼 흘렀는지. 구석구석을 뒤지며 숨바꼭질했던 집이었는데 그릇이 되어 삶을 담더니 딸을 훌쩍 키워 버렸다. 엉뚱하게 세탁기 뚜껑이 몇 번씩 여닫히고 웃음보따리가 터지기만을 기다리는 숨바꼭질 시간. 딸의 몸짓과 마음은 기쁨으로 다가온다.

우리는 가정에서 많은 행복을 찾는다. 하지만 바쁘게 살다 보니 가족의 몸짓과 감정과 관심을 가둬 버릴 때가 많다. 대화의 냄새는 사라지고 일상의 핵심만 덩그러니. 찬송가 가사처럼 다 같이 일하는 온 식구가 한 상에 둘러서 먹고 마시는 게 어렵다. 그럼에도 행복한 감정이 기쁨으로 솟아나면 오랫동안 가슴에 남는다는 것을 기억해야 하지 않을까? 잠깐일지라도 함께 하루를 이야기하는 것을 놓치지 않는 삶, 생각해야 한다.

그날 부모가 자식을 위해 온몸으로 대화하던 날, 내 손에 있던 작은 카네이션도 두근거리며 숨바꼭질을 했다. 어린 나의 발자국은 조용히, 가볍게, 기쁨을 감추며 달렸었다.

숨바꼭질을 마치고 딸이랑 웃고 있는 시간. 어느새 나는 창문으로 스며드는 빛 위에 클로드 모네의 빛을 덧칠한다. 반갑게도 그 빛에 엄마와 아버지 그리고 내가 환하게 미소 짓고 있었다.

나답게,
사모의 이름으로

사모, 목사인 남편이 나에게 준 이름이다. 교회에서 주는 이름이기도 하다. 엄마 배 속에서 태어나 장진희라 불리며 산 세월을 넘어섰다. 이젠 사모라고 부르는 음성이 더 익숙하다.

내게 사모라고 처음 불러 준 사람은 남편이다. 신혼여행지에서 사모라는 이름이 너무도 생소하고 어색해서 닭살이 돋는다고 했더니 내 귀에 대고 마구마구 불렀다. 평생 들어야 하는 이름이니 자기 목소리로 귀에 익히라고.

사실 남편은 사귀기 전에 내게 이런 말을 했다.

"장 선생님은 사모감이 아닙니다."

커피숍에서 들었던 말이었는데 사모가 될 생각이 없었기에 크게 마음이 상하진 않았지만 남편의 속마음은 이러했다.

'넌 조신하지 못해.'

그 당시만 해도 사모가 입을 옷은 정해져 있는 것 같았다. 치마 정장을 곱게 차려입고 얌전하게 성도들과 인사하고 남편 목사님의 그림자로서 내조하는 것이 현숙한 사모의 모습이었다. 솔직하고 당찬 성격에 청바지를 즐겨 입던 내 모습과는 거리가 멀었다. 30년이 지났으니, 지금은 케케묵은 고정관념이겠지?

초등학교 6학년이었다고 기억한다. 시골 교회에 부흥강사 목사님이 예배 중에 나와 친구들을 보며 말씀하셨다.

"커서 사모가 되고 싶은 사람 손 들어."

강사 목사님 말이 떨어지기 무섭게 단짝 친구 오남이가 손을 번쩍 들었다. 평소에 얌전하고 내성적이던 친구였는데 어디서 그런 용기가 났는지 깜짝 놀라 오남이를 빤히 보는데 내 손이 하늘 위로 뻗고 있었다.

오남이가 자신 외에 아무도 손을 들고 있는 사람이 없자 내 손을 잡고 끌어 올리고 있었다. 반강제적 선택에 얼떨결에 손이 올려졌는데 그 손은 스르륵 내려오지 않고 곧게 뻗어 있었다. 혼자 손을 들고 있는 친구 때문에라도 들고 있었을 테고, 이왕 든 손 끝까지 들고 있자 생각했을 것 같다.

그때도 나는 사모가 되겠다는 생각을 해 본 적이 없다. 장난처럼 지나가 버렸던 날이었기에 기억에도 남지 않았고 까마득하게 잊고 살았다. 그랬는데 결혼하고 사모가 된 뒤 내 손을 들게 했던 친구를 만나 알게 됐다.

내가 사모가 됐다고 했을 때 모르긴 몰라도 친구들은 걱정깨나 했을 거다. 쾌활한 성격에 자기주장도 또렷하고 리더십을 발휘하며 교회 일을 하던 내가 남편 뒤에서 조신하게 있는 모습이 상상되지 않았을 테니까.

그렇다. 예전이나 지금이나 나는 조신하다는 말과는 거리가 멀다. 솔직히 생김새부터가 틀려먹었다. 내가 힘없는 얼굴로 얌전하게 있으면 이젠 남편이 묻는다.

"어디 아픈 데 있어?"

씩씩한 마누라의 순순하기만 한 모습은 남편 눈에도 어색해졌다.

조금 오래된 이야기다. 새롭게 들어온 성도가 내가 입고 다니는 옷이 못마땅했던지 사모상을 들먹였다. 주일마다 치마 정장을 곱게 차려 입고 고상하게 앉아 있던 성도였다. 자기보다 한참 어린 사모여서 말하기 쉬웠는지 내가 입어야 할 옷차림에 대해 배려하는 마음을 빼 버린 채 가르쳤다.

뭐든 그 시대가 요구하는 것이 있으니 딱히 틀렸다고도 할 수 없는 지적이었다. 내가 살아왔던 스타일과 가난한 개척 교회 사모의 삶을 고려하여 중심을 잡아 두지 않았다면 매우 힘들었을 것이다. 나도 순간마다 갈등하며 흔들리지 않았다고 할 수 없으니. 사모로서 성도와 둘이 만나 이야기를 하던 날 부드럽고 강한 사람이 되어야 했다.

"제 형편에 맞는 깨끗하고 정갈한 옷을 입고 있는 거예요. 겉모습의 제가 당장은 이상해 보여도 속사람의 저를 알면 괜찮으실 거예요. 한 번 지켜보세요."

개척을 하고 몇 년이 지난 후였고, 나는 삼십 대 끝을 달리고 있던 햇병아리 사모였지만 담대하게 용기를 내었다. 마음에 근심과 염려를 뒤로하고 담대할 수 있었던 건 어릴 때로 거슬러 가면 사모의 됨됨이를 중요하게 여겼던 엄마가 있었고, 또 늘 믿고 응원해 주는 친구 같은 남편이 내 옆에 있었다.

"예전이나 지금이나 당신은 그 모습 그대로 제일 멋지고 사모다워."

결혼 전에는 사모의 자격이 안 된다고 했던 남편이 해 준 말이다. 내 모습을 바꾸려 하지 않고 부족하면 부족한 대로 그대로를 인정해 주는 파트너가 있다는 건 큰 힘이었고 기댈 언덕이었다.

내 안에는 사모의 정체성이 가득하다. 마음에 담겨 있어 감출 수 없는 잔잔한 기쁨, 나를 아는 삶은 욕심을 채우는 것이 아닌 손해 보는 삶이라고 가르치며 성큼성큼 다가오는 하나님의 사랑, 영원히 떠날 필요가 없는 관계 하나님과 나 사이. 그 안에서 사모라는 이름을 가지고 있는 나. 복된 삶이다.

나는 날마다 사모의 이름값을 하기 위해 하나님 앞에 선다. 내게 주어진 사역의 깊이만큼 섬세함으로 나아가 무릎 꿇고 기도하는 시간을 채우고, 형편과 환경을 이기는 믿음과 사랑을 따르기 위해 나날을 고군분투하면서 하나님의 자녀로 바로 서길 노력한다. 사람의 됨됨이를 잊지 않고 조금 더 가까이 하나님 앞에 다가서면 당연하게 사모의 길을 걷고 있다고 생각한다. 하나님의 그늘 아래 머물러 있는 삶일 테니까.

오늘도 나는 나답게 살아가면서 사모의 이름으로 웃는다. 항상 느끼는 거지만 하나님의 자녀라 설레고 감사하다.

접목,
그 강한 힘에 대해

"병원비를 환불해 드릴 테니 잠시만 기다리세요."

"네?"

"어제 따님 MRI 찍었던 비용 환불해 드립니다."

퇴원 절차를 밟으러 왔는데 병원비를 환불해 준다고 한다.

"이유를 알 수 있을까요?"

그녀의 굳은 시선에서 불행의 무게가 성큼 다가왔다.

"따님 병명이 3대 소아암에 포함되어 MRI비가 보험 적용이 됩니다."

의사의 진단과 대학병원으로 갈 소견서를 받고도 인정할 수 없어 외면하고 있었는데 그 힘까지 빼앗아야 했는지 또다시 확인시켜 주었다. 돈이 외쳤다.

"오진은 없어. 너의 딸은 암이야."

MRI비가 없어서 언니에게 손을 내밀었었다. 인생의 한 페이지를 장식하고 있는 가난이 절망스럽고 비참해서 속울음으로 게워 냈는데, 딸의 목숨이 얼마 남지 않았다며 속삭이는 돈이 되어 다시 내게 돌아왔다. 무섭고 잔인했다. 가슴 푸들거려 오는 떨림 속에서 쏟아지는 눈물을 흘리며 '찢어져서 소멸해 버려! 우리 인생에서 꺼지란 말이야!' 울부짖었다. 사위어 가는 햇살 아래 감당할 수 없는 돈은 남편 손에서 강한 힘을 받고 있었다.

오랜 세월이 흘렀는데도 그날을 생각하면 여전히 가슴이 철렁 내려앉는다. 마음이 쉬이 진정되지 않을 때는 용수철에 튕겨 나가듯 딸 방으로 들어가야 했다. 잠자는 딸의 얼굴에 손을 대고 공부하는 딸의 머리를 쓰다듬었다. 꽤 오랫동안 반사적인 행동이 이루어졌다. 눈에 보여야 마음이 가라앉았다.

6월의 하늘 아래 밤꽃이 폭죽을 이룬 날이다. 본래의 야성을 드러내던 겨울 산은 온데간데없고 봄의 연둣빛도 시나브로 사라지더니 초록의 무성한 숲이 되었다. 고속도로에 여름 햇살이 화살처럼 내리꽂히며 바람과 빛을 이룬 풍경 속에 우리 가족이 달리고 있었다.

방금 전까지 열정적으로 노래 부르던 딸들은 에너지가 다 소진돼 버렸는지 순식간에 잠이 들었다. 흐트러진 모습으로 곤하게 자고 있는 딸들의 모습을 가만히 보다가 조금은 엉뚱한 생각을 했다. 만약 행복하고 소중한 모습을 순간마다 저장할 수 있는 능력이 있다면 나는 어떤 모습들을 담을 것인가?

한참을 곰곰이 생각했다. 누구에게나 특별할 수 있는 일들이 담아지려나 했는데 딸의 생명이, 그 눈빛이 사라질까 봐 죽음 앞에 떨어서인지 의외로 소소했다. 기도하는 뒷모습, 흐트러진 운동화, 서로를 향한 미소, 먹다 남은 비스킷…. 모든 게 감사하고 모든 게 특별했다.

나를 놀리기라도 하듯 차창으로 스며든 속삭이는 바람이 마음을 간지럽힌다. 한 폭의 그림이 된 풍경도 나뭇가지를 흔든다. 그렇게 좋으냐고.

작년 이맘때도 우리는 고속도로를 달렸다. 최승주 화백의 개인 전시회였다. 가시관에 찢겨 선홍색의 피를 흘리는 예수님의 성화를 그리는 화백이었다. 시간이 조금 늦어서인지 전시관에는 우리 가족뿐이었다. 남편과 두 딸의 발길을 각각 머물게 하는 그림이 있었는데 나는 유독 눈시울이 붉게 물든 예수님 앞에 발길이 멈춰 섰다. 그렁그렁하게 고여 있는 눈물이 금방 쏟아져 내릴 것 같은 예수님의 두 눈이 나를 대신해 울고 있는 것 같아 입술을 열어 기도했다.

"예수님 제가 마음이 아파요. 아픈 딸의 몸을 고쳐 주세요."

나의 붉게 물든 눈이 더 붉은 예수님 두 눈과 마주치며 위로를 받고 있는데 찰칵, 소리가 들렸다. 그 소리 따라 뒤돌아보니 커다란 화폭의 예수님 얼굴 앞에서 카메라를 들고 활짝 웃고 있는 딸이 보였다. 그 순간 나는 하늘 향해 닿는 뿌리 깊은 나무를 보았다.

예수님과 아픈 우리 딸이 접목되어 있었다. 좋은 나무에 좋은 가지만 접목하는 세상의 방법을 벗어나 뿌리 깊은 나무에 병들고 상처 입은 가지를 접목한 예수님. 딸을 향하여 모든 것을 다 내어 주시며 아픈 모습 그대로 열매를 맺어 가셨다. 오늘처럼 대학병원에서 정기검진을 받고 끝나지 않을 희귀병 앞에 두려워하는 날에는 힘이 된다.

철 이른 낙엽 하나가 슬며시 곁에 있어 준 것이 고맙다고 했던가! 나도 그냥 고맙다. 삶이 같아 보여도 하나님은 그 강한 힘으로 새롭게 하심을 안다. 이 모습 이대로 접목되어 살아간다.

마음이
꿈틀거린다

큰호리병벌이 날아들었다. 얼마 지나지 않아 아궁이를 보수하던 집주인 아저씨 옆에서 경단을 만들고 있는 그 벌을 보게 되었다. 질퍽하게 진흙 묻은 아저씨 손이 아궁이 틈새를 바르는 사이 부우웅, 날아올랐다가는 다시 아궁이로 내려앉기를 반복했다.

더위가 한창이던 여름날이었다. 이맘때면 산란할 집을 짓기 위해 경단을 만들어야 하는 큰호리병벌에게는 행운을 만난 셈이다. 스스로 마른 흙에 타액을 묻혀 경단을 만들어야 하는 벌에게 아궁이 보수는 수고로움을 덜어 내는 절호의 찬스였다. 인간과 벌, 찰나에 빚어지는 이야기, 마치 동화 같은 장면이었다.

아저씨의 큼지막한 경단은 갈라진 아궁이 틈새에 던져져 척척 발라졌고, 큰호리병벌은 아저씨 움직임을 잘 피해 가며 부지런히 경단을 만들어 냈다. 어찌나 재미있는지 한동안 넋을 놓고 바라보았다.

그때였다. 아저씨의 시선이 멈추었다. 뒤늦게 큰호리병벌을 발견하고는 진흙 묻은 손을 쉬면서 벌 한 마리의 바쁜 움직임을 가만히 지켜보기 시작했다. 요놈 봐라, 하는 웃음 띤 시망스러운 표정으로. 희끗희끗한 머리카락에 깊게 팬 주름이 무색할 정도로 아저씨의 천진난만한 웃음이 아주 큰 동화 속 그림 같았다.

왠지 그 모습이 멋스러워 아저씨 집 주위를 살펴봤다. 마당이 그리 넓지 않았는데 뒤꼍 살구나무 아래에는 참새나 집오리가 마른 목을 축이도록 옹달샘이 있었고, 이름 모를 작은 벌레들에게 크고 작은 은신처가 되어 주고 있었다. 큰호리병벌이 경단을 다 만들어 유유히 날아갈 때까지 지켜보며 흐뭇해하던 아저씨의 미소가 온통 겹쳐졌다.

길가에서 주운 막대기가 그리 좋았다. 그냥 즐거웠다. 마당에 커다란 원을 그릴 수 있는 막대기를 가져서 자꾸 웃음이 터져 나왔고, 막대기 끝을 치켜들고 친구들을 앞장서며 대장처럼 골목길을 내달렸다.

가장 위험해서 재밌는 길이 있지 않은가. 학교에서 돌아오는 길은 그런 길을 택하며 두 눈이 맹랑하게 빛나기도 했다. 거센 물살이 흐르는 실개천 위 구멍 뚫린 기차길을 호기롭게 곧잘 걸었다. 친구들 앞에서 마음껏 발걸음을 내디딜 것 같다가도 내심 겁먹은 걸음이 잘 떨어지지 않은 적도 있었다. 기차길 사이로 발이 빠져 개천으로 떨어지면 어떡하나, 아슬아슬하기만 했다. 그러다가 저만치 기적 소리가 들리면 걸음아 날 살려라 하고 무조건 내달렸다.

기어코 다리가 후들거려서 기차길 옆 보리밭에 나뒹굴고 말았다. 창피해서 그랬는지 그때도 웃음보가 터졌다. 엎어진 김에 쉬어 간다고, 친구랑 보리밭에 누워 괜히 실실 웃다가 코끝으로 전해지는 풀 냄새, 무더위를 씻기는 바람, 드높은 하늘에 홀딱 반해 금세 잊어버리곤 했다. 불쑥 보리밭을 뭉갠다고 혼나지 않을까 걱정하기도 했지만, 친구와 나의 웃음은 수시로 기차길 위를 날아다녔다.

이제 괜한 웃음꽃이 사라졌다. 큰호리병벌을 바라보던 아저씨의 흐뭇한 미소는 어디에서도 보이지 않는다. 현실에 충실해야 하고, 제약과 조건에 얽매이고, 좌절에 직면하면서 우리는 멋쩍은 어른이 되어 버렸다. 자유롭게 상상하며 무엇이든 흥미롭게 여기던 시절이 언제였는지, 순간순간 찾아드는 기발한 생각에 마냥 행복해하며 즐겼던 시간이 이제는 가물거린다.

꽃은 나무나 풀에만 피는 것이라고 말했다.
아이들은 아니라고 그랬다.
사람도 꽃 그림이 들어 있는 옷을 입으면
사람에게도 꽃이 피는 것이고. _나태주의 시, 동심 중에서

마음속 동심을 끄집어내어 웃을 수 있을까? 길가에서 주운 막대기가 신나는 웃음을 주지는 않겠지만 놀이터 한구석에서 뒹굴며 혼자 놀고 있는 길고양이에게 다가가 이웃이 되고 싶다. 고 녀석이 꼬랑지를 우뚝 세우고 도도하게 걸어가면 뒷짐 지고 뒤따라 걷는 즐거움을 아니까. 오늘은 누군가 우스갯소리처럼 들려준 말이 생각난다. 나이 들면서 지켜야 하는 것은 동안이 아니라 동심이라는 말.

CHAPTER 5

참 좋은
나날입니다

그 마음 한 조각이
한 일

1986년 12월 25일이라고 첫 문장을 쓰다가 웃었다. 그 순간 "1876
년 자동차도 없고 라디오나 티비, 영화 다 없던 때였죠"라는 뮤지컬 대
사가 떠올랐다. 왠지 내 시간도 만만치 않을 듯하여 계산해 보니 37년.
내 나이는 생각지 않고 한 50년도 넘은 세월인 줄 알았다가 실소를 터
트렸다. 흘러간 세월에 고무줄 나이를 제대로 입혔다.

12월이다. 성탄의 추억을 불러들이기 딱 좋은 계절, 하나님이 좋아
서 가슴을 채웠던 그때 그 시절 우리들의 이야기가 생각이 난다.

전날에 함박눈이 소복이 내렸다. 골목길 담벼락 밑에는 수북한 겨

울꽃이 피었고 각 집 대문 앞은 크고 작은 눈사람이 지켰다. 바람은 강하고 햇살은 힘을 잃었는데 그 와중에도 눈은 녹아 처마 밑에는 고드름이 자라났다.

성탄을 맞이하는 허름한 시골 교회만 장작 난롯불에 시린 손을 녹이며 장식했던 성탄 트리 불빛으로 따뜻했다. 연극, 노래, 율동으로 아기 예수님 오신 날을 축하하고 선물을 나누면서 밤을 꼴딱 새웠던 날. 방석을 깔고 교회 바닥에 뒹굴다 깜박 잠들기도 하면서 새벽 송 시간을 기다렸다.

계산리에 독자마을이 있다. 그곳 아이들은 섬진강 나룻배를 타고 강을 건넌 뒤 구불구불한 버스 길을 40분 정도 걸어서 교회에 왔다. 새벽 송 조 편성 때 독자마을로 정해지면 두꺼운 외투는 물론이고 목도리 장갑까지 잊지 않고 챙겨야 했다. 강을 스치는 매서운 칼바람과 맞대결을 펼쳐야 하는 길이었다.

"아이고 추워라. 허벌나게 춥구마이잉."

"긍게로 겁나게 춥다. 그란디 재미도 있다야."

우리들의 대화였다. 무섭게 흐르는 콧물을 옷소매에 닦고 무뎌진 발끝의 감각과 손가락은 아팠지만, 새벽 송 길에 웃고 떠들 수 있었던 유일한 길이기도 했기에 성탄의 즐거움은 더욱 컸다.

눈길이 미끄러워 한 시간가량 걸려서 나룻배 타는 곳에 겨우 도착했다. 생각보다 시간이 늦어져 서둘러 배를 타야 했다. 그런데 무슨 일이 일어난 건지 배가 보이질 않았다. 선생님도 허둥지둥했다.

"종종 있는 일잉께 놀라지 말고잉. 사공을 부르면 나올 것잉께."

독자마을 친구가 말했다. 그 한마디에 불안이 즐거움으로 변하여 새벽의 고요를 깨트렸다. 밝고 맑은 목소리가 섬진강을 휘감았다.

"사공 사공, 배 건너 주세요. 사고옹, 배 건너 주랑께요."

열 명의 새벽 송 대원들은 섬진강을 흔들며 사공을 외쳤다. 칼바람의 난도질이었을까? 아니면 곤한 잠이 막아섰을까? 외침이 강을 건너지 못했다. 또다시 시간이 으스스 몸을 떨게 했다. 불쑥 사촌 오빠가 말했다.

"내가 헤엄쳐 가서 나룻배 가지고 올 탱께, 다들 기다리고 있어잉."

우리들의 서사가 절정으로 향했다. 사촌 오빠는 제자리에서 펄쩍 펄쩍 뛰더니 섬진강 물을 향해 돌진했다. 나룻배 줄을 잡고 발목, 엉덩이, 가슴까지 차오르는 차가운 강물을 온몸으로 받아 내며 헤엄쳐 갔다. 스물이 갓 넘은 오빠는 여름 강물을 헤엄치듯 쑥쑥 앞으로 나갔고 흔들리는 배 줄만이 오빠를 알려 줬다. 몸은 점점 더 얼음 기둥이 되어 갔다. 안고 뛰면서 칼바람과 싸웠고 배가 오기만을 애타게 기다렸다.

"워어어이."

오빠가 도착했다는 신호를 보냈다. 드디어 섬진강의 가장 멋진 뱃사공이 나룻배 줄을 잡고 우리에게 온다. 서로를 부둥켜안고 환호성을 질렀다. 강바람은 설렘이었다.

하지만 우리의 예상은 빗나갔다. 밝아 오는 새벽하늘 아래 강물에서 놀고 있는 나룻배 한 척, 앞으로 나아가지도 못하고 제자리를 맴도는 물고기 같았다. 오빠는, 사촌 오빠는 독자마을 사람이 아니었다.

우여곡절 끝에 오빠가 우리에게 왔다. 꽁꽁 언 옷에는 고드름이 달려 있었고 머리카락은 수많은 바늘이 꽂혀 있었다. 딱 한 가지, 가슴만은 뜨거웠던 오빠의 얼굴은 영웅이었다. 그 후로 성탄절이면 사촌 오빠 이야기는 영웅담처럼 퍼졌다. 새벽 송을 마치고 돌아온 우리를 혼쭐내던 목사님과 집사님들의 호통은 사라진 채. 언젠가 사촌 오빠에게 질문을 했다. 어떻게 차가운 강물 속에 뛰어들 생각을 했냐고.

"이잉, '기쁘다 구주 오셨네' 찬송을 독자마을 사람들에게 꼭 들려주고 싶었제이잉. 그 마음밖에 없었구만."

아기 예수님 탄생을 알리고 싶은 그 마음 한 조각이 차가운 겨울 온도를 녹이며 독자마을에 새벽 송을 울려 퍼지게 했다. 사뭇 그 시절 그 마음 한 조각이 그립다.

하루의 동행이
시작되던 날

산책로를 따라 쉬엄쉬엄 올라가면 작고 낡은 벤치가 놓여 있는 곳, 산을 찾아드는 이들의 작은 쉼터이며 바람과 빛으로 풍경을 이룬 붉은 노을의 땅이 있다. 그곳에 머물러 아주 잠깐 발걸음을 멈추고 하늘을 보면 드넓게 펼쳐진 고운 빛깔 안온함이 찾아든다. 나의 숨소리만 들리는 풍경 앞에서, 조금은 불안했던 하루를 낡은 벤치에 떨어뜨린다.

햇살이 소리 내지 않고 계절을 바꾸듯 땅을 딛고 있는 나를 그분의 사랑이 소리 없이 채워 준다. 세월에 비틀어진 벤치를 스치고 시간에 쓸려 내려가기 바쁜 사람들 사이에서, 자연의 명작이 준 여백 위에 감각과 생각을 수놓는 일, 붉은 노을이 절정을 이루며 흘러가는 그 잠깐의 시간이었다. 하지만 누구나 하늘을 보는 것은 아니었다.

　나에게는 길동무 고양이가 있다. 언제부터 나를 길들였는지 못난이라 이름을 짓게 하더니 아침이면 창문을 열어 부르도록 만들었다. 우리는 겹친 영역에서 관계를 맺어 가며 서로를 향하여 친밀감을 쌓았다. 어느새 9년 지기 길동무가 됐다. 나의 길과 풍경을 소개해 준 고마운 길고양이다.

　그해 못난이가 집과 동떨어진 곳에 새끼를 낳았다. 급식소에서 밥을 먹는 것도 힘들었던지 힘없는 눈동자로 도움을 요청했다.

　'나를 따라와 줘. 너의 손길이 필요해.'

　하루의 동행이 시작되는 날이었다. 못난이는 아파트를 벗어나 산책로 길을 향했다. 급식소에서 20분이 넘는 거리였고 산책로를 지나 산속으로 들어가는 제법 깊숙한 곳으로 안내했다. 빠르게 뛰어가다가 뒤돌아보며 나를 기다렸고, 산책로를 유유히 걷다가 사람이 보이면 나무 밑으로 숨어들었다 다시 나타났다. 반복된 행동을 하며 앞장서서 걸어갔다.

　'강은 인간의 것이 아니어서 흘러가면 돌아올 수 없지만 길은 인간

의 것이어서 마을에서 마을로 되돌아올 수 있고 모든 길은 그 위를 걷는 자가 주인이 되는 것이다.' 피식 웃었다. 못난이의 길이었다.

그리고 얼마 후엔 새끼를 난 못난이의 급식 배달부가 된 나의 길이 되었다. 노묘 못난이는 매일 똑같은 시간에 집 앞으로 찾아왔다. 든든하게 배를 채우고 나면 손에 든 사료를 확인했고 내 발자국에 맞춰 산책로로 향했다.

마을에는 유독 유기견들이 많았다. 재개발로 이사를 간 사람들이 생명을 버리고 갔다. 이렇게 깊숙한 곳에 새끼를 낳은 걸 보면 못난이도 위험을 느꼈나 보다. 하루하루 지나고 새끼들은 엄마 젖과 사료를 먹으며 잘 자랐다. 그래서였을까? 가끔 못난이가 길에 변화를 주기 시작했다. 산책로 길을 빙 돌아서 가기도 하고 어떤 날은 길이 아닌 길로 나를 데려갔다. 작은 귀를 쉴 새 없이 움직이면서 바람 냄새를 맡았고 길가에 누워 나무 냄새에 행복해하며 나뒹굴었다.

못난이가 쉬면 나도 쉬었다. 작은 고양이 발자국을 따라 걷다 보니 주변이 느리게 흘러갔다. 잡초도 오래 보면 꽃이 된다고 했던가? 작고 세심한 것들이 눈에 들어오면서 마음이 표현하기 시작했다. 함초롬히 내리는 빗방울을 곱게 받아 주는 세상, 햇빛에 물들어 벌겋게 달아오른 노을빛 하늘. 느끼지 못한 채 잊고 살았던 행복이었다. 못난이가 새끼를 데리고 급식소로 이동하면서 급식 배달은 끝났지만, 토토로 길이라 이름을 짓고 남편과 함께 산책을 즐겼다. 그 길과 풍경의 주인이 되었다.

시간이 제법 지났다. 인간의 반복된 행동은 세밀함을 놓치게 하는지 어느새 익숙함에 병들었다. 붉은 노을은 같은 그림을 그리며 하늘을 가득 채우진 않았을 건데 허름해진 시선은 별반 다르지 않다며 삶으로 바쁘게 움직였다. 낡은 벤치는 외면당했고 자연의 여백은 사라졌다. 하늘을 향한 마음은 얇아졌고 미래에 대한 염려는 점점 더 커졌다.

그즈음 두 모녀를 우연히 보게 되었다. 모녀는 서로의 손을 꼭 잡고 산책로를 걸으며 천천히 올라왔다. 행동거지를 보니 엄마는 눈이 불편해 보였다. 일상의 숙제를 마치듯 내려가는 나를 지나치며 도란도란 이야기하면서 올라오는 두 여인.

"엄마, 조금만 더 걸어가면 엄마가 좋아하던 그 벤치에 도착해요."

엄마는 딸의 살냄새를 맡고 딸은 엄마의 살냄새를 맡으며 걸어가는 곳은 투명한 눈으로 마음에 담아 두었던 푸르고 빛났던 엄마의 세상, 길이었다.

그 세상은 딸의 눈을 통해 천천히 그리고 아주 세심하게 전해지고 있었다. 간난신고(艱難辛苦)를 겪고 있을 엄마의 마음에 평범한 세상은 사랑이 되어 움직이면서 여백으로 찾아들었다. 벤치에 나란히 앉아 하늘을 보던 모녀의 모습이 자연 속에 파고들며 노을빛으로 빛났다. 신영복의 말이다.

머리에서 가슴으로 그리고 가슴에서 다시 발까지의 여행이 우리의 삶입니다. 머리 좋은 사람이 마음 좋은 사람만 못하고 마음 좋은 사람이 발 좋은 사람만 못합니다.

엄마의 길을 찾아 자연의 소리로 감각을 자극하며, 포기하지 않고 살아가 주길 바랐던 딸의 마음, 새끼를 살리고파 눈빛으로 말했던 못난이의 행동, 마음에서 발로 움직이는 사랑이었다. 그 사랑은 눈이 불편한 엄마를 용기 내어 움직이게 했고, 말도 통하지 않는 인간과 고양이 사이에 다리를 놔 주었다.

누군가에게 깊이 파고든다는 것은 어쩌면 목마름 없는 사랑을 주려는 노력인지도 모르겠다. 특별함 없는 일상을 천천히 걸으며 느꼈던 자연과 인간의 모습에서 사랑을 배웠던 날. 우리 동네 하늘은 참 푸르고 예뻤다.

하룻밤,
어떠세요?

"산으로 갈까? 바다로 갈까?"

나는 두 딸에게 묻지 못했다. 여행을 떠나기엔 가난한 빈손이라며 겁을 줬고 '언젠가는'이란 마음에 현재의 시간을 맞추며 살게 됐다. 여름마다 휴가를 떠나는 사람들의 옷차림에서 날개 치며 펄럭이는 기쁨과 즐거움을 볼 때면 두 아이는 마치 기면증에 걸린 듯 잠들어 있었다. 하지만 눈을 질끈 감고 노력하고 참았는데도 두 아이의 상상에서 벗어날 수 없었던 현실이 있었다.

"친구들, 여름방학 동안 어디에 다녀왔어요?"

선생님의 질문에 먼저 대답하겠다고 흥분되어 엉덩이를 들썩거리며 날뛰는 개학 날의 교실 풍경이었다. 두 아이는 그날을 떠올리는 걸 무척 싫어했다.

그렁그렁한 두 아이의 눈을 보며 우리도 다음에 꼭 가자고 기약 없는 약속을 하곤 했다. 참 다행인 게 현실에 묻혀 자포자기하며 멈춰 있지만은 않았다. 아빠의 자유로운 시간을 이용해 산과 바다가 아닌 길 위를 달렸다. 뜨거운 태양이 내리쬐는 여름이 아닌 가을을 부르는 태양을 벗 삼은 늦여름의 오후가 대부분이었다.

달리는 차 안에서 두 아이는 성장기를 보냈다. 놀이 기구를 타지도 못하고, 비키니 수영복을 입지도 못했던 결핍의 시간이었는데, 참 감사하게도 형편에 만족하는 법을 함께 배워 나갔다. 그리고 나의 '언젠가는' 속에서 한 계단 한 계단 성장한 두 아이는 훌쩍 가 버린 세월 속에서 어느덧 직업을 가진 성인이 되었다.

"아빠, 엄마! 산으로 갈까요? 바다로 갈까요?"

두 아이가 이십 대 중반이 다 되도록 나의 '언젠가는'이 계속되는 하룻길이었는데 여기 어떠냐고 물었다. 꽃처럼 화사하게 초대장을 내밀었다.

"패밀리 룸에서 하룻밤 어떠세요?"

취직한 지 일 년밖에 되지 않아 아직은 여유롭지 못할 텐데 엄마 빈손보다 조금 더 채워진 빈손이라며 너스레를 떨었다. 내 마음을 편케 하려는 배려였다. 생각지도 못했는데 가족과 함께 보내는 첫 여름휴가의 하룻밤은 그렇게 두 아이의 선물로 다가왔다.

휴가를 떠나는 날 아침부터 비가 억수같이 내렸다. 우리는 주일예배를 마친 후에 강원도 양양을 향해 길을 떠났는데 다행히 그 시간에는 비가 오지 않았다. 일기예보는 일주일 동안 비가 올 예정이라 해서 다소 실망스러웠으나 괜찮았다. 억수비가 폭우처럼 쏟아지지 않기만 바랐다. 줄비가 오고 진비가 내려도 즐길 수 있었다.

두 아이는 색색별로 우비를 준비하며 바닷가 해변에서 뛰놀 계획을 세웠다. 언제든지 할 수 있지만 언제든지 할 수 없는 낭만이라며 넉넉함을 장착했다. 비가 오지 않을 때도 생각했다. 저녁노을이 물들어가는 바닷가를 거닐다가 슬슬 찾아오는 어둠을 향해 스파클라 폭죽으로 불꽃놀이를 하면서 피터 팬의 팅커벨을 소환할 거라고 했다. 바닷가 해변에서 스파클라 불꽃놀이를 가족과 함께해 보는 것은 두 아이의 소박한 바람이었다.

"비 와도 좋으니 스파클라 불꽃놀이 할 시간만 잠깐 멈춰 주세요."

둘째가 어린아이처럼 코믹하게 두 손을 모아 하나님을 찾았다. 활기차게 "아멘"으로 응대하며 통한 마음에 웃었는데 그 모습에서부터 우리의 여행은 시작이었다.

　마을을 지나고 교회를 지나고 늘 다녔던 길을 지나고, 차차 익숙한 공간을 벗어나자 차오르는 설렘으로 두근거렸다. 여름을 달리고 여름 속에 빠져서 하룻밤을 완성할 우리의 시간이 이렇게 긴 세월이 지나서야 올 줄은 진정 몰랐는데, 강물처럼 흘러가 버린 인생이 조금은 야속하다는 마음이 감사와 함께 지나갔다.

　강원도가 가까울수록 산등성이에 깊게 핀 운무가 눈에 들어왔다. 비가 온 뒤라 무지개도 보였다. 나도 흐르고 안개와 운무도 흐르고 방향은 아랑곳없이 서로 제 갈 길로 갔다. 산산 겹겹이 이어져 가는 산 끝에 어슴푸레하게 닿아 있는 하늘 끝에서 행복했던 순간뿐 아니라 괴로웠던 순간까지 삶의 조각들이 몰려와 코끝을 맵게 했다.

　아이의 목소리가 들렸다.

　"엄마, 중고등학교 때 우리 집이 가난하다는 걸 알아서 마음속에 있는 것들을 다 꺼내지 못했던 건 맞아. 친구들이 놀러 가자고 하면 늘 핑계를 대며 안 된다고 해서 공부 외에 특별한 추억이 없어. 그래서인지 학창 시절을 떠올리면 빈 공백처럼 느껴지는 허전함이 있는 것도 사실이야. 교회도 작은 교회라 딱히 활동한 기억도 없고 말이야."

내 마음이 아플까 봐 미소를 띠고 내 눈을 바라보며 말하던 딸이 따라왔는지 산 아래 드리워진 운무 속에서 더 활짝 웃고 있었다. 너무도 행복해 보여서 덩달아 웃는데 목소리가 또다시 들려왔다.

"그런데 딱 한 가지가 있더라. 가족이 함께하는 시간이 풍족했어. 하룻길이라고 해도 항상 밝은 얼굴로 운전해 주는 아빠가 있었고, 자신의 것을 포기하고 우리의 부족함을 채워 줬던 엄마도 있었어. 영화를 보고, 맛있는 것을 사 먹고, 함께하는 시간에는 긴 이야기로 그 시간을 가득 채웠더라고. 그 한 가지가 우리의 불만을 덮었던 거 같아. 우리는 아빠 엄마의 특별한 사랑을 먹고 자랐어. 그러니까 성장하면서 우리에게 못해 줬다고 생각하지 마. 우리가 이렇게 잘 큰 건 다 아빠 엄마의 눈물이었고 기도였어."

부모의 가슴에 꽃을 달아 주기 위해서는 서로 마주 서야 하고 가장 친밀한 거리에서 서로의 눈길을 보내고 그가 기뻐하는지 입가를 엿보아야 한다던 신경숙 작가의 말이 떠오른다. 두 아이가 준 사랑 안에서 행복을 느낀 내 여행의 시간은 거꾸로 거꾸로 흘러간다. 눈길을 보내고 입가의 웃음을 엿보던 두 아이가 노란 봄꽃처럼 거기에 서 있다.

그물에 걸린
추억

　오빠를 많이 닮았다! 지금처럼 길지 않고 짧은 머리일 때는 더더욱 그 소리를 들었다. 아빠 닮았네, 엄마 닮았네가 아니라 오빠 닮았다고들 했다. 가끔 멀거니 거울을 쳐다보다가 유독 내 모습에서 오빠가 얼비치던 날이 있었는데, 아마도 머릿속에 각인된 몇몇 오빠의 모습이 아닐까 싶다.

　내 나이 열두 살이었을까? 마을의 수호신이라는 큰 팽나무 아래에서 바람처럼 놀다가 숨을 돌릴 무렵이었다. 하늘은 진주빛이었다. 오빠가 운전하는 경운기를 타고 언니랑 물고기를 잡으러 간 적이 있었다. 신작로를 따라 달달거리는 경운기를 타고 한참 달리다 보면 저만치 수양버들이 춤추는 섬진강변이 보였다.

해가 넘어가 어둑해지면 투망질을 할 수 없다는 것을 알기에 삼 남매는 일사불란하게 움직였다. 갓길에 경운기가 세워지면 오빠는 어깨에 투망을 걸치고, 언니는 양동이를 들고 부리나케 물고기가 잘 잡히는 오빠만의 핫 플레이스로 달려갔다.

오빠의 투망 던지는 솜씨는 예술이었다. 강가에서 발소리를 내지 않고 살금살금 걸어가다가 좀 더 깊은 강물을 향하여 휙, 던지면 커다랗게 원을 그리며 허공에 쫙 펼쳐지다가 순간 풍덩 물속으로 들어가는 투망. 곧이어 투망을 살살 흔들며 조심스럽게 끌어당기면 도망치지 못한 물고기들이 펄떡거렸다.

힘 있게 투망을 꽉 껴안은 오빠의 손, 상기된 목소리, 다급한 발걸음은 보지 않아도 엄청 큰 눈치나 은어가 잡혔음을 알아차리게 했다.

"양동이, 양동이 언능 가져와라잉, 물고기 빠져 뿌러야."

소리치며 달려오는 오빠의 큰 목소리는 조용하던 섬진강을 순식간에 왁자지껄하게 했다.

"오빠, 투망 꽉 붙잡고 있어잉! 겁나게 달려가 불라니까."

마음이 급해진 나는 언니가 들고 있던 양동이를 얼른 가로채 오빠를 향해 뛰어갔다. 미끄러질 듯 휘청휘청, 치이잉 치이잉 강변 조약돌

들에 양동이가 부딪치고, 철퍼덕철퍼덕 발소리가 요란스러웠다. 뭔 일인가 싶은 물고기들이 수면 위로 펄쩍 뛰어오르다가 더 깊이 도망칠 정도였다.

"와아아, 워메, 허벌라게 많네잉."

투망에는 팔뚝만 한 눈치, 피라미, 은어, 쏘가리 물고기가 은빛 비늘을 반짝이며 펄떡거렸다. 어린 나는 투망을 보다가 오빠를 보다가 자꾸 웃었다.

오빠가 다시 강으로 들어가면 언니와 나는 양동이를 든 채 멀찌감치 떨어져서 조용조용 따라다녔다. 어느 순간 오빠의 몸짓에 힘이 들어가면 언니와 내 입은 저절로 꾹 다물어졌고, 자연의 소리, 바람결 따라 흐르는 강물 소리뿐이었다.

어떤 순간에는 언니와 소곤거리다가 웃음이 빵 터지는 바람에 오빠의 투망 속으로 들어오던 물고기가 순식간에 사라지기도 했다. 그럴 때 오빠의 눈초리는 성난 고양이처럼 바뀌었고, 우리는 침을 꼴깍 삼키며 은근슬쩍 뒷걸음질을 쳐야 했다. 다시 부를 때까지 소곤거리던 말도 웃음도 꾸욱 참고 기다려야 했다.

그러고 보면 오빠는 참게도 잘 잡았다. 한 손에는 쇠로 된 긴 지렛대를 들고, 한 손으로는 길가에 즐비한 강아지풀을 무심하게 툭 끊은 다음, 개울가로 걸어가던 오빠의 뒷모습은 듬직하기만 했다.

무더운 여름 햇살 아래 시원한 개울가에는 피라미들이 떼 지어 다니고 있었다. 우리는 따갑게 내리쬐는 햇살을 등에 받치고 참게 굴을 찾았다. 바구니 하나 들고 친구들과 열심히 잡았던 다슬기가 여기저기 덕지덕지 붙어 있어도 별 관심이 없었다. 오빠를 따라다니면, 오롯이 보글보글 끓여져 저녁 밥상에 오를 참게탕만 떠올렸다.

"오빠아, 여기 돌팍 밑에 게 구멍이여."

혹시나 참게가 도망칠까 봐 아주 작은 소리조차 안으로 삼키며 말하는데, 웬걸? 오빠는 첨벙거리며 내게 달려왔다.

오빠의 참게 잡는 법은 특별했다. 먼저 지렛대를 이용해 잡지 않았다. 엄지와 검지로 강아지풀을 잡고 게 구멍으로 밀어 넣더니 살살 돌리면서 집어넣었다 뺐다를 반복했다. 참게를 유인하는 거라고 했다. 정말이었다. 오빠가 움직이는 강아지풀을 따라 참게가 따라 나오는 것이 아닌가.

오빠는 아주 짧은 순간을 놓치지 않았다. 순식간에 한 손으로 참게 등을 덮쳤고, 집게발이 손가락을 물지 못하도록 등딱지 가장 밑을 잡고 물속에서 참게를 빼냈다. 털이 덥수룩한 참게의 집게발은 허공에서 바삐 가위질을 해 댔다.

　남은 문제는 강아지풀로 유인했는데 나올 듯 말 듯하면서 끝까지 나오지 않는 참게들이었다. 손발이 척척 맞는 환상의 콤비는 그때 진가를 발휘했다.

　"진아, 오빠가 지렛대로 돌팍을 들랑께, 알맞은 돌멩이를 밑에다 받쳐라잉. 잘할 수 있제?"

　"잉 알았응께, 언능 들어."

　오빠가 지렛대를 힘껏 누르면 제법 묵직한 돌덩이가 움직이면서 공간이 생겼다. 나는 미리 준비해 둔 돌멩이를 재빠르게 그 사이에 끼워 넣었다. 돌덩이 밑이라 안심하고 있던 참게에게는 날벼락이었다. 잽싸게 도망쳐 나오기도 했고 쥐 죽은 듯이 있기도 했다. 하지만 기가 막힌 오빠의 손을 피할 수는 없었다. 이러니 오빠를 닮았다는 말이 좋을 수밖에.

　참게 잡는 환상의 콤비 오빠와 나는 거품 문 참게를 풀로 꽁꽁 묶어서 논두렁 길을 따라 집으로 가곤 했는데, 그때마다 해가 뉘엿뉘엿 넘어가곤 해서 사방은 풀벌레 소리가 찌르르거리고, 내겐 경쾌한 오빠의 발걸음 소리가 더 크게 들렸다.

마음에 길을 내는
하루

    어느 멋진 날에 책이 출간됐다. 반짝이는 가을빛에 붉게 물든 나뭇잎마저 빛처럼 내리던 날이었다. 전화기 너머로 들리는 흥분한 딸의 목소리가 교회를 꽉 채울 것만 같았다.

    "엄마! 책이 도착했어!"

    교회 의자들을 반듯하게 정리하다가 부리나케 집으로 달렸다. 두근거리는 마음을 눈치챈 신호등이 빨간 불빛으로 심통을 부렸지만, 마침 우수수 떨어지는 낙엽을 바라보다가 바람에 뒹구는 모습을 보며 괜히 허허허, 헛웃음이 나왔다. 책 한 권의 설렘이 어찌나 크던지 그 순간을 지금도 잊을 수 없다.

책 냄새를 정확하게 표현할 방법이 없다. 어슴푸레한 기억에 풀칠한 창호지가 말라 가는 냄새에 손때 묻지 않은 잉크 냄새가 섞였다고나 할까. 택배 상자에서 다소곳하게 나란히 나란히 나를 기다렸던 첫 책, 내 책. 익숙한 느낌에 낯선 감정 하나는 바로 내 책이라는 사실이었다.

조심스럽게 한 권을 꺼내었다. 딸이 그려 준 표지 그림 속 길을 따라 손끝을 천천히 움직였다. 순식간에 눈시울이 붉어졌다. 조용히 그 감동을 가슴에 끌어안으며 두 손을 모았다. 기도가 흘러나왔다.

"하나님 잘 살게 해 주셔서 감사합니다."

책을 출간한 지 벌써 일 년이 지났다. 11월 11일이 첫 사인을 한 날이었다. 바로 그때, 장진희 인생을 기록한 책 속에 까만 펜으로 내 이름을 쓰던 바로 그때, 비로소 나를 다시 찾은 기분이었다. 그리고 영화의 한 장면처럼 첫 페이지를 펼쳤다.

갓 결혼한 어린 내 손을 지금의 내가 붙잡고 걸어가는데 나란히 걷는 길에는 지나온 날들이 언어로 피어나 뒤를 따라왔다. 보여 줄 것 없어 말하지 않고 버려졌던 이야기가 내가 살아오는 동안 함께였다면서 한껏 주위를 맴돌았다. 묵묵히 가던 길을 멈추고 어린 나를 끌어안을 때 이야기들도 함께 보듬어졌다. 흑백사진처럼 펼쳐진 깨알 같은 활자

들 속에서 나는 자꾸 웃고 있었다.

작은 교회 사모로 20년을 살았다. 가난이 하루를 삼키고 그 안에서 하나님으로 일어서는 반복된 생활이었다. 주변에 아는 이도 많지 않았고 삶 또한 다채롭지 않은 그저 단순한 삶이었다. 가정과 교회만 맴돌곤 했다. 그랬는데, 샘솟는기쁨 강영란 이사에게서 연락이 왔다. 책을 출간해 보자는 제안을 했다. 정말 어안이 벙벙했다.

글은 손으로 생각하는 것도, 머리로 쓰는 것도 아닌, 온몸으로 삶 전체로 쓴다고 하는데, 글을 써 보지 않았던 내가 할 수 없는 영역이었다. 더욱이 책 한 권을 채울 만한 인생도 아니었다. 교회도 미자립 상태가 지속되고 있었고, 저자로서 내놓을 만한 이력도 없었다. 그렇다고 죽었다 살아났다고 할 만한 특별한 이야기도 없었다.

그날, 페이스북에서 출판사 이름을 봤던 날. 늘 책을 냈으면 좋겠다는 남편의 속삭임에 물들었는지 이상한 기도를 했다. 섬세한 보내심은 결코 막을 수가 없었다.

"하나님, 만약 책을 쓴다면 이 출판사에서 책이 나오게 해 주세요."

하나님이 움직이셨던 날이었다. 원고도 없는 상태에서 출판 계약에 사인했다. 이런 역주행자가 있을까 싶었다. 나의 삶에서 글이 될 수 있는 일이 무엇일까? 많은 날을 고민했다. 그러던 중에 시바타 도요 할

머니의 시집을 만났다. 평생 시를 써 본 적이 없고 문학 수업 한 번 받지 못한 할머니가 아흔여덟 살의 나이에 시인으로 등단해 베스트셀러 시집을 냈다는 것이다.

할머니의 시는 솔직하고 담백했다. 특별한 것이 아닌 무심코 지나쳐 버릴 일상의 일들을 소중하게 써 내렸다. 할머니는 하루의 일들이 모여 매일의 힘이 된다고 시를 통해 말하고 있었다. 아! 나는 하루하루 하나님과 동행했던 길이 있구나.

가난과 고통에 물러서지 않고 마음을 다해 걸었던 여정, 시간을 만들고 채우셨던 하나님 사랑, 아등바등하지 않고 하나님의 섭리 따라 바라봤던 믿음의 시선. 그게 내 삶의 전부이고 이야기였다.

『마음에 길을 내는 하루』는 이런 나만의 이야기를 가지고 세상에 나왔다. 작고 낮은 자를 높이시는 하나님의 은혜로 오십이 넘은 나이에 그이름교회 사모는 작가가 되었다. 새로운 길을 걷게 된 것이다. 하나님 따라 걷고 때론 투정 부리며 뒤따랐던 이야기들은 노래가 되었다. 지금도 여전히 하나님이 주신 선물에 내 이름을 담은 채 흔적을 남기고 있다.

자기의 언어를 갖지 못한 자는 누구나 약자다. 남들이 당신을 설명하

도록 내버려두지 마라. 당신이 무엇을 좋아하고 싫어하는지 또 무엇
을 할 수 있고 할 수 없는지를 남들이 말하게 하지 마라.

마사 킨더의 말을 기억하는 오늘이다. 조용히 나의 언어를 찾아 내
삶을 써 내린다.

사람이
꽃이라지만

나는 강대상에 화사한 꽃꽂이를 하고 싶었다. 강대상 양옆에 초록 잎 풍성한 화분을 올려놨다가 아니다 싶어 지우고, 탐스럽게 핀 호접란을 놓았다가 또다시 지우고 계속된 반복이 며칠째였다. 오롯이 내 상상 속에서 펼쳐지는 현상이었다. 실은 멍하니 강대상을 바라보는 날이 많아졌다. 아니, 생각을 현실에 그리며 강대상을 바라보고 있었다는 말이다.

우리 교회 이름은 그이름교회이고 나이는 스물한 살이다. 4층 상가 건물 지하에 터를 잡고 있다. 건물 나이도 스물한 살이다. 개척을 준비한 해에 우린 이곳을 분양받았다.

"왜 하필 습한 지하를 분양받으셨어요?"

21년을 걸어오면서 가장 많이 받았던 질문이다. 이유는 간단하다. 내게 주신 하나님의 은혜만큼 이루어진 결과이다. 세상의 잣대를 뺀 시선으로 본 이곳은 하나님이 우리에게 준 교회였다. 다시 돌아가도 이곳에 교회를 세울 거냐고 물어오는 이에게 남편과 내가 망설임 없이 "네"라고 대답하는 이유이기도 하다. 지금도 그 마음은 흔들리지 않고 있다.

하지만 우리는 세상의 잣대를 완벽히 벗어나진 못했다. 상가 지하 교회로 내려오는 계단은 어둑하고 깊은지 사람들의 발길이 잘 닿지 않았다. 어쩌다 교회에 시선이 머물러도 닫힌 생각은 교회 문을 열지 못했다. 우리 부부의 성숙하지 못한 모습 탓도 있을 거라고 생각한다. 모든 것이 환경 때문이라고 할 수 있겠는가.

얼마 전 임선우 작가의 『초록은 어디에나』 소설을 읽다가 두 여인이 주고받는 대화에 울컥했다.

"낙타는 몇 킬로미터 떨어진 곳의 물 냄새를 맡을 수 있는 동물이잖아요. 먼 곳에 있는 물의 존재를 알고 있으니 막막해 보이는 사막을 계속해서 걸어갈 수 있는 거고요. 그런데 몇 킬로미터 내에도 물이 없을 때, 물의 그림자조차 보이거나 느껴지지 않을 때 낙타는 무엇을 하는지 아세요? 똑바로 같이 걷는 겁니다. 한 걸음씩."

"계속 걸어도 물이 나오지 않는다면요?"

"죽게 되겠죠. 그렇지만 살아 있는 한 계속 물에 가까워지게 걷는 거죠."

내가 사모하는 그분의 존재를 알고 똑바로 '같이' 걸어가다 예상치 못한 죽음 앞에 이르더라도 좀 더 가까이 그분 앞에 있는 삶. 가슴이 벅차올랐다. 그러면서 한 사람 한 사람 그이름교회 성도들의 얼굴이 떠올랐다. 어둑하고 깊은 지하 계단을 걸어 들어와 21년을 같이 걸어가고 있는 분들, 좀 더 가까이 우리 곁에 머물도록 하나님이 보내 준 사람들. '같이'라는 말에 행복이 깃들어 있다.

내일이면 그이름교회를 창립하고 21년 만에 권사 임직식을 치른다. 부족한 재정에 골머리 썩이며 밤잠을 설치는 날도 많았지만, 더 많은 날들이 설레었다. 함께하길 기대하며 초대장을 보내고, 임직식 순서지와 현수막을 만들고, 상패와 기념품을 준비하면서 우리에게도 이런 날이 오는구나! 싶어 문득문득 가슴이 벌렁댔다.

벌써 권사님이라 불렸을 만한 분들인데, 작아도 너무 작은 교회다 보니 직분을 받는 것도 쉽지 않은 일이 되어 있었다. 세 분의 집사님들. 내일이면 내 인생의 참 멋진 집사님들이었다고 기억에 새기고 권사님이라 부르며 다시 출발하게 된다.

겨울 바다와 좋은 친구의 공통점은 별로 특별한 게 없다는 것이란다. 그럼에도 겨울 바다와 좋은 친구가 좋은 것은 항상 변하지 않고 그 자리에 있기 때문이라고. 목회를 하다 보면 때론 쓸쓸함이 깊어 고독에 침잠해 갈 때가 있다. 나만의 쉼과 일에 몰입하는 긍정적 효과보다 관계에서 오는 상실의 부정적 효과로 마음을 뺏겨 버릴 때다.

고독은 극심하게 외롭기만 하다. 그런 날이면, 특별하지 않은 겨울 바다와 좋은 친구처럼 고독 맞은편에 서 있는 사랑이라면서 다가왔다. 변하지 않는 모습으로 손 내밀며 흔들리는 마음을 꼭 잡아 줬다. 나에게 세 분의 집사님은 그런 존재이고 의미였다.

지금 강대상 앞에는 꽃꽂이가 한창이다. 많은 날을 고민하며 상상으로 펼쳤던 강대상 꽃꽂이를 하고 있다. 하나님을 믿는 사람들의 손길이 닿았다. 과거와 현재를 잇는 시선으로 사진을 찍어 가는 이효경 작가가 신촌에서 꽃집을 하는 친구에게 그이름교회 이야기를 전했고, 그 친구는 신문지에 둘둘 말린 꽃들을 한 아름 안고 딸과 함께 왔다. 꽃값이라고 얼마를 주기엔 부끄러울 정도로 많은 꽃들이었다.

이웃 교인의 섬김으로 꽃꽂이를 할 수 있게 되더니, 이번에는 또다시 섬김으로 더 풍성하고 화려하게 강대상에 꽃 장식이 되어 가고 있었다. 21년의 그이름교회는 꽃향기에 감싸지면서 임직식을 위한 밝고 환한 예배당으로 바뀌었다. 이토록 벅차고 설렐 일이 있었던가.

5월, 이 멋진 날에 화사한 꽃들이 강대상을 채워 간다. 눈으로 보고 마음으로 또 보는 시간을 누리고 있다. 꽃으로 수놓은 강대상 앞에서, 곱디고운 한복을 입고 집사의 끝과 권사의 시작을 알리며 환하게 사진 찍을 내일의 권사님들을 상상하니 행복하다.

천국에서 예수님과 사진 찍고 싶다는 교회학교 아이들 노래를 흥얼거리게 되는 밤, 꽃 장식을 하는 엄마와 딸의 섬김의 손길을 기억하며 부끄러움을 상상 속에 넣고 미리 한번 외쳐 본다.

"여기를 보세요. 권사님들. 그리고 그이름교회 성도 여러분!"

찰칵! 꽃보다 아름다운 이들이 환하게 사진 속에서 웃는다. 같이 있음이 한없는 축복이다.

생애 한 번 피는
꽃

틸란드시아 이오난사라는 식물이 있다. 공기 중 습기와 미세먼지를 먹고 산다. 평생에 딱 한 번 꽃을 피우고 꽃이 지면 자구로 태어나 죽을 때까지 번식으로 이어 가는 식물이다.

얼마 전 치과 원장실에서 이오난사를 봤다. 조그만 나무 원반 위에 덩그러니 놓여 있었다. 작은 파인애플 잎처럼 생긴 식물은 흙도 없는 원반에서 십 년이 넘게 살고 있었다.

초록의 작은 아이가 흙 한 줌 없는 나무 원반에서 그 긴 세월을 살았다는 것이 놀라웠는데 더 충격적인 말을 들었다. 원장님 지인이 이오난사를 선물하면서 물 없이도 살 수 있는 식물이라며 물을 주지 말라는 당부를 했다고 한다.

하루는 원장님이 이오난사를 바라보다가 불쌍하다는 생각이 들어 원반 위에 작은 구멍을 뚫었다고 한다. 그러곤 구멍 속에 물을 넣고 이오난사를 올려놓았다. 어떻게 됐을까? 시간이 지날수록 초록색 잎이 갈변을 이루면서 시들어 갔다.

이오난사는 분무기로 물을 뿌려 주든지 아니면 2주에 한 번 가득 찬 물그릇에 담가 두었다가 시간을 맞춰 꺼내야 하는 식물이었다. 물에 담가진 이오난사를 나무 원반 위에 다시 올려놓으려면 바람에 물기를 말려야 할 정도로 과습에 약했다.

이오난사는 진료실 옆 창틀에 놓였다. 자신이 살아갈 환경을 다 이해받지 못한 채 십 년을 훌쩍 넘겼다. 그럼에도 살아갈 수 있었던 건 치과의 특수적인 상황이 자연스러운 환경이 되어 목마름을 이겨 내지 않았을까? 조금은 부족하고 조금은 힘겨운 나날이었겠지만, 창밖에 쏟아지는 빗소리를 들으며 그 비가 주는 위로를 받으면서 말이다. 어쩔 수 없이 받아들여야 하는 현실에도 혼자 힘이 아닌 고요하게 돌보시는 그분의 보살핌이 있었을 테니.

살다 보면 삶이, 마음이, 계절을 느끼지 못할 때가 있다. 부단히 노력했음에도 삶의 무게가 여전히 부족한 게 많아 말을 걸어온다. 행복해지기 위해 많은 일들을 부지런히 노력하며 살았고 분명 욕심만큼 분주했던 것 같은데 불만스러운 나만 보인다.

눈덩이처럼 불어난 염려와 근심은 무엇 하나 준비해 놓지 못한 미래, 노후의 두려움으로 엄습해 온다. 내 경우에는 허무한 세상을 손으로 붙잡으려 발버둥을 칠 때 더 많이 드는 감정이었다.

이렇게 상념에 빠져 허우적댈 때면 마음을 추스르기 위해 가장 익숙한 것들을 찾는다. 오랫동안 내 옆에 머무르고 있는 교회의 구석진 내 자리, 나의 시간이 켜켜이 쌓여 있을 것만 같은 풍경 앞. 그리고 긴 세월 마음을 나눈 이들과 사랑하는 남편의 옆자리. 그 어느 것 하나를 향해 몸을 움직인다.

홀로 앉아 십자가를 보다가 기도하고 묵묵히 풍경을 바라보고 이야기를 나누고 시간의 순서를 무시한 채 뒤돌아보며 삶의 가치를 찾고 내 인생을 줍는다. 그리고 질문한다. 하나님 눈에 지금 나의 모습이 어떻게 비추고 있을까?

그러다 보면 천천히 마음이 들여다보이기 시작하고 막대기 하나로 골목길에 꿈을 만들고 학교 다녀오는 길에 가장 재밌고 위험한 길을 택하며 두 눈이 빛났던 나를 보게 된다. 아주 작은 일에도 행복해하며 즐거워하던 나. 하나님이 돌봐 주시니 염려치 않는다고 고백하고 있는 나. 감사하며 만족할 줄 아는 나.

원장님과 이오난사 사이에는 시간이 쌓이면서 애틋함이 생겼다. 시들어 죽어도 섭섭지 않을 세월은 사라졌고 잦은 손길과 눈길만이 찾아들었다.

10년이 넘도록 생애 한 번 피는 꽃을 피워 보지 못한 이오난사. 이제라도 힘을 내어 꽃 한 송이를 활짝 피워 내지 않을까? 자신의 존재를 알아주고 이해받고 있다는 것을 저도 알 테니.

오늘은 바쁘게 또는 열심히 살고 있었던 순간을 잠깐 내려놓고 시간의 손이 이끄는 대로 따라가 봐야겠다. 가을빛에 흔들리고 있는 강아지풀의 안녕을 고하는 모습에도 내 마음이 보일 것 같으니.

우리의 삶을 향해 실수하지 않으시는 하나님이 유난히도 좋은 날. 끊어지지 않는 나와 하나님의 시간을 가슴에 간직하면서 미래에 대한 두려움을 맡긴다. 오늘 피었다 지는 들풀도 입히시는 하나님이…. 하물며 우리랴.

나는 지금도 여전히 주어진 내 삶이 작아 보여 허우적댈 때가 많다.

스스로 조금은 다행이다 싶은 건 심욕과 아집에 아직은 빠지지 않고 잘 살아 내고 있다는 거다. 그분을 깊게 알아 가는 신앙과 세월이 준 지혜로 간신히 잃어버리지 않고 있다. 어떤 상황에서라도 내려놓는 일이 조금은 더 자연스러워지길 기도하며 노력한다.

당신이 내게 준 길입니다

스치는 바람 소리도 하나님 세상

초판 1쇄 인쇄 2024년 11월 28일
초판 1쇄 발행 2024년 12월 10일

지은이	장진희
발행인	강영란
사업총괄	이진호

발행처	샘솟는기쁨
출판등록	제 2019-000050 호
주소	서울시 중구 수표로2길 9 예림빌딩 402 (04554)
대표전화	02-517-2045
팩스(주문)	02-517-5125
홈페이지	https://blog.naver.com/feelwithcom
전자우편	atfeel@hanmail.net

편집	박관용 권지연
디자인	트리니티
제작	아이캔
물류	신영북스